Una vida de mentira

Marien Mafé Noguera

Editorial: BoD · Books on Demand, Calle de Manzanares, 4, 28005 Madrid,
bod@bod.com.es
Impresión: Libri Plureos GmbH, Friedensallee 273, 22763 Hamburg
(Alemania)

Una vida de mentira © Marien Mafé Noguera

Diseño portada: Marta Bassart
Corrección estilo: Rita Turza, Alex Madueño
Edición: Alex Madueño (https://rimasasociadas.com)
Corrección ortográfica: Periklis Kordolaimis
Maquetación: Gian Pierre Codarlupo, Sofía Sánchez
ISBN: 978-84-1092-084-2
Depósito Legal: A 22-2022
Primera edición: 2022

Allison

Allison vivía en Pedreguer, Alicante. Era de complexión delgada, pero no como estas chicas que se ven raquíticas de tan flacas que son. Más bien era musculada sin hacer deporte, aunque siempre todo el mundo le preguntaba qué tipo de deporte hacía y ella siempre contestaba que ninguno, que sólo hacía gimnasia en el colegio y ya está. Sus ojos eran color miel tirando a verdes, cuando les daba el sol aún parecían más claros. También eran grandes y saltones. Los labios eran lo más bonito que ella tenía, rosados y carnosos. Su pelo largo y ondulado de color castaño oscuro.

Medía poco más de metro y medio, por problemas de espalda, tenía desvío de columna desde el nacimiento, aunque ella empezó a quejarse a partir de los seis años. Los médicos le dijeron que, si no hubiese padecido tal desvío, hubiera crecido más. Cuando iba al colegio le hacían cargar con todos los libros y eso día tras día hizo que empezara a quejarse. Sus padres la llevaron a varios médicos y todos les decían que la cosa estaba bien, que no tenía ningún problema.

Era hija única y vivía con sus padres. Su padre, Jorge, era natural de Almoines, estaba enfermo de las cervicales y de los nervios, no podía trabajar, desde los treinta y dos años recibía una paga de incapacidad total. De vez en cuando trabajaba unos días en la obra o de jardinero, labores que normalmente cobraba en negro, y se tiraba una semana entera en la cama sin poderse levantar. Era un hombre de complexión delgada, pero marcado, medía metro setenta y era calvo con gafas. Sus ojos eran de color marrón claro y saltones como los de Allison. Cada vez que la gente la veía le preguntaban si era hija de Jorge, a lo que ella contestaba que sí. Siempre le decían que era clavadita a él, no hacía falta ninguna prueba de ADN y se reían porque era cierto.

Le hubiera encantado tener un hermano mayor, para que le dejara su moto, compartir aficiones o jugar al fútbol. O una hermana con la que poder hablar de sus cosas e intercambiarse la ropa, tener un apoyo, ir de compras. Pero esto sólo fue hasta su comunión. A partir de entonces ya no le importó ser hija única y fue la última vez que se lo pidió a sus padres.

Su madre era la que trabajaba y se ocupaba de la casa, por ese motivo no tuvieron más hijos. En el embarazo de Allison la hizo aumentar más de veinte kilos, sufrió mucho en el parto padeciendo desgarros por tener la piel tan fina.

Susana, su madre, vivía desde siempre en Pedreguer, trabajaba como limpiadora en varias mansiones de una de las familias más adineradas de la ciudad. Todos los días se levantaba a las siete de la mañana para arreglar la casa y atender las demás obligaciones, él no ayudaba en nada, al contrario, todo eran problemas generados por sus caprichos y la falta de dinero, quería comprarlo todo.

Susana llevaba a sus espaldas las consecuencias de los demás, siempre era la que pagaba los platos rotos. Cuando llegaba a casa siempre le esperaba una sorpresa. A Jorge le gustaba mucho la tecnología y cuando no venía a casa con un móvil nuevo venía con un televisor que no hacía falta.

A la joven Allison, después de dejar los estudios con tan sólo dieciséis años, su padre le compró una moto de marchas para su cumpleaños, cosa con la que su madre no estaba muy de acuerdo.

—¿Qué pasa, que no puedes comprarte una moto normal como las otras niñas? —comentó Susana.

—Yo no soy igual a otras, a mí me gusta lo diferente —contestó Allison.

Fue la primera chica de Pedreguer con moto de marchas y detrás de ella fueron animándose más. Era muy bonita, la primera moto refrigerada por agua que salió a la venta con seis marchas; era blanca y roja y el asiento color violeta, su color preferido. Como medía poco más de metro y medio, tenía dificultades para subirse a la moto, pero se las apañaba bien.

Siempre había sido una chica valiente y decidida, le encantaban los retos y era muy aventurera. No pensaba mucho las cosas, prácticamente las hacía por impulso y no medía las consecuencias por impaciente e impulsiva.

Todos los fines de semana salía con Carmen, una amiga con la que trabajaba en Pedreguer. Se reunían también con Emilia, otra amiga mayor también de Pedreguer. Carmen era más o menos de la misma altura que Allison, con pelo rizado, negro y largo, de ojos verdes y muy delgada. Tenía un año menos que ella, y cinco más que Emilia. No asumía su edad, solía decir siempre que era más joven de lo que era.

En las fiestas de Xaló conocieron a un grupo de chicos, aunque también había del pueblo cercano, de Lliber.

Ella quedó prendada

Esa noche Allison quedó prendada de un chico de Lliber. Se llamaba Oliver, de tez blanca, delgado, pero con muy buen cuerpo, elegante a la vez que moderno, de mirada intensa casi inalcanzable. A ella la fascinó, nunca le había pasado algo similar en la vida. Le parecía un imposible, pero le encantaba mirarle.

Intentaron acercarse día tras día al grupo de amigos y poco a poco fueron cogiendo confianza y conociéndose más. Y charla tras charla y cosquillitas por la espalda que ella le hacía. Una noche se le escapó y le dijo:

—Cachi.
—¿Qué has dicho? Repítelo por favor —dijo Oliver.
—Cachi.

Él quedó encantado con aquel nombre que le sacó y ambos se llamaron así cariñosamente a partir de entonces.

Día tras día ella subía a verlo con su amiga y se volvía a casa con ganas de que la hubiera besado. Así iban pasando los días, pero el día no llegaba, soñaba con ese instante, no os imagináis cuánto.

Y al final, llegó el momento más deseado para ella. Ese día subió sola a Xaló, cerquita del pub donde salían a divertirse cada fin de semana. Enfrente había unos árboles muy grandes, altos y anchos que parecían tener muchos años por el grosor del tronco, había bastantes y el lugar era conocido por "Los Chopos".

Debajo de aquella tremenda arboleda se dispusieron a conversar y conversar. Las horas pasaban volando junto a él, parecía que el tiempo pasaba más rápido de lo normal, se encontraban muy a gusto y lo más importante era que lo que ella sentía también lo sentía él, era recíproco y eso es lo más bonito.

A la mitad de la noche él se le acercó lentamente y su corazón empezó a palpitar a cien, no, a mil por hora, cuando por fin sus labios se juntaron por primera vez y se besaron después de tanto soñarlo y esperarlo. Sus labios eran carnosos al igual que los de ella y aquello fue maravilloso, qué sensación más bonita, ¡por dios! Al abrazarse ella notó que a Oliver también le latía muy rápido el corazón. Por fin el tan ansiado beso llegó. Sus labios se rozaron y se besaron despacio pero intensamente y se sentía el amor por ambas partes. Qué bonita sensación. Ella notaba que el corazón se le iba a salir del pecho, los nervios y la vergüenza flotaban en el ambiente.

Todo lo que estaba viviendo era muy bonito, cada vez que se veían parecían prolongarse las miradas como solo dos adolescentes son capaces de hacer, hablaban más que sus propias miradas.

Nunca había experimentado aquella sensación, era increíble, como flotar en una nube. Mira que había sentido cosas de joven cuando creía que se había enamorado, pero, como aquella vez, nunca.

Le encantaba amanecer a su lado, no había nada más bello que abrir los ojos por la mañana y ver a su amado junto a ella. Cuando miraba la luna, a veces, le parecía más grande de lo normal. Todo con él parecía más bonito que de costumbre. Antes de conocerlo no les daba importancia a aquellas cosas, pero ahora, le parecía todo diferente y era por el amor que le hacía sentir.

La propuesta más deseada

Cuando sus cuerpos se encontraban, se sentían como si se estuvieran derritiendo por dentro y en ese mismo instante notaban que estaban hechos el uno para el otro.

Cada vez que se veían parecía que se quedaban hipnotizados de los mismos nervios que pasaban.
A partir de entonces no había día en que Allison no fuera a Lliber para ver a Oliver.

Al salir un día del pub que frecuentaban, escuchó una canción que parecía hablar de ellos dos. Desde entonces, cada vez que la escuchaban, se miraban y sonreían.

Oliver tenía muchos amigos y conocidos, que con el tiempo le fue presentando. Uno de ellos solía juntarse con su grupo y salir en bici, se acercaba mucho a ella cada vez que la veía. Cuando vio que este conocido se le acercaba tanto, Oliver le dijo:

—De tan simpática que eres, la cagas.

Ella se quedó con la boca abierta, sorprendida de escuchar aquellas palabras.

—¿Por qué dices eso?
—Porque los hombres se piensan que quieres algo con ellos.

—Que no se equivoquen porque no es así, yo soy igual con todo el mundo y no por eso voy a querer algo con ellos.

Todos los días que iba a trabajar tenía la sensación de que las horas se detenían, no pasaban, estaba deseando terminar para arreglarse y volver a verle. La pareja estaba realmente enamorada y eso se notaba, nada más mirarse las palabras sobraban. Pasadas tres semanas de su primer beso volvieron a encontrarse en el mismo lugar de los chopos y allí Oliver le preguntó:

—¿Quieres ser mi novia?
—¡Por supuesto que sí! —no dudó en contestarle ella.

¡Dios mío!, ese fue otro día importante y de los más felices de su vida. El veintiuno de septiembre de 1998, nunca se olvidará de esa fecha, fue el comienzo de aquella bonita historia. Oliver era tres años menor, pero eso a ellos no les importaba demasiado porque se querían muchísimo. Él trabajaba en la construcción con su padre y su tío. Su madre se dedicaba a ir por los mercadillos de los pueblos tres días a la semana vendiendo toda clase de dulces: ensaimadas, magdalenas, rosquillas, galletas sin azúcar, cruasanes de chocolate y un montón de dulces, que eran una delicia.
Qué bueno estaba todo, el chocolate era la perdición de Allison y siempre estaba picando de todo. Pero lo bueno que tenía era que por mucho que picara no engordaba. Cuando era la temporada

de los fartones era lo que más vendía, aunque se vendía bastante de todo. Llegaba la navidad y todo eran polvorones, bombones, turrón, empanadillas dulces de boniato o con cabello de ángel y demás dulces.

Los padres de Oliver

Estaban tan a gusto juntos que las horas pasaban más rápido de lo que quisieran. Siempre se les hacía muy tarde y no podían separarse de lo mucho que se querían, pero al final debían de hacerlo, al día siguiente tenían que madrugar porque debían ir a trabajar y no era conveniente hacerlo sin apenas dormir.

Allison tenía diecinueve años cuando lo conoció y él dieciséis, hasta entonces no había tenido nunca móvil, era la primera vez. Tenían los mismos, él en rojo y ella en azul, eran monísimos, pequeñitos y con una tapa que abrías cada vez que tenías que hablar. Cuando se separaban y llegaban a casa, enseguida se avisaban a ver quién llegaba antes de los dos y no podían parar de escribirse. Se decían cosas muy bonitas y si por ellos fuera estarían todo el día enganchados de noche y de día y nunca se separarían, pero la obligación les llamaba.

Un día Oliver le presentó a su madre Luisa, una mujer muy atractiva, a la que le gustaba vestir muy bien, era un poco más alta que ella, de complexión delgada tirando a ancha, pero musculada. Tenía el pelo a lo chico de color negro y le quedaba muy bien. Cuidaba mucho la alimentación y su físico, le gustaba hacer deporte cuando terminaba de trabajar, solía salir a caminar una hora diaria, hacía natación y no dejaba de hidratarse la cara y las manos. Luisa era una mujer realmente simpática y cariñosa. Enseguida congeniaron y se hicieron buenas amigas, además de suegra y nuera. Se contaban todo y se llevaban estupendamente.

Otro día le presentó a su padre, se llamaba Vicente y era un hombre de más de metro setenta, moreno de complexión más bien ancha, pero sin ser gordo. Era bastante simpático y le gustaba gastar bromas, aunque a ella le daba un poco de respeto. Pronto también cogieron confianza. Le gustaba mucho ir a cazar perdices, jabalís y sobre todo pararse en el bar después de trabajar. Los dos eran encantadores y ella empezó a entrar en casa y ya no tenían que verse a escondidas por el pueblo. Cada vez que quedaban ellos solían verse cerca del cementerio, en el colegio y en otros lugares. Desde entonces quedaban en la casa de él y cenaban juntos, eran inseparables, la pareja ideal.

Oliver también conoció a sus suegros y se llevaban todos genial, eran una gran familia, lo que siempre había soñado. Parecía estar viviendo un sueño, por fin había logrado lo que siempre había anhelado y esperado toda su vida.

Llegó el día

Cada caricia, cada abrazo, cada beso, era realmente maravilloso, no había palabras para describir todo aquello. Decidieron esperar para entregarse en cuerpo y alma el uno al otro, hablado por los dos igual y deseando lo mismo de aquel momento. Cosa inesperada, pero a la vez muchos sentimientos encontrados.

Querían que fuera especial y que nunca se olvidaran de ese día para poder recordarlo siempre. Hasta que por fin llegó el tan ansiado y deseado día, no quisieron esperar más, querían sentirse el uno al otro. El encuentro fue maravilloso, muy bonito y muy especial, como ellos lo habían soñado. A partir de ese momento fue creciendo más el amor del uno hacia el otro. Cada vez que sus cuerpos desnudos se rozaban, sentían ese cosquilleo del que todos hablan, como mariposas revoloteando dentro del estómago.

Pasaron los meses y ellos seguían igual, con sus vidas, trabajando y al terminar se encontraban de nuevo. El deseo más grande y esperado de cada día era terminar de trabajar y saber que el otro estaba esperando para poder verse. Cuando llegaba la hora de separarse y despedirse no podían, se les hacía todo un mundo.
Casi siempre ella subía a verle ya que tenía vehículo, pero nada más llegar a su casa, le mandaba un

mensaje. Se echaban mucho de menos, aunque acabasen de verse.

Él tenía una Rieju de cinco marchas de color negro que al final se cambió por otra más bonita negra y amarilla con un farolillo delante. Allison cogía el coche a su padre, un Opel Kadett, que parecía un barco de lo grande que era. El maletero era muy espacioso, de color rojo y de chapa dura. Con un largo morro, viejito, pero hacía un gran papel a la familia.

Su primer coche

Allison fue ahorrando poco a poco para poder pagarles a sus padres y devolverles el dinero que le habían prestado para comprar un coche que vendía el tío de Carmen. Un hombre de unos cuarenta y cinco años, con gafas y poco pelo. El coche era un Opel Kadett de 150 caballos de potencia, el techo se abría manualmente con una manivela, al igual que las ventanas. Color amarillo fluorescente, que llamaba mucho la atención, tres puertas y tapicería color gris claro. Cuando fue a recogerlo, el tío de Carmen le dijo:

—Ten mucho cuidado, que corre mucho. Este coche puede ser un ataúd.
—Lo tendré en cuenta, descuida.

A ella eso no le importaba, estaba muy contenta con su coche. Había conseguido su carné de conducir y ahora tenía por fin su primer vehículo propio pagado por ella. Además, ya les había devuelto a sus padres el dinero prestado.

Pasaron los meses y seguían igual con sus vidas. Solían moverse por los mismos sitios y siempre se les hacía muy tarde. Después de la fiesta acababan juntos en casa de Oliver o de Allison.

La casa de ella tenía un comedor de unos cincuenta metros, cocina amplia y muy soleada. Un cuarto de baño pequeño y cuatro habitaciones, en la más grande era donde normalmente dormían ellos. A mano derecha había dos habitaciones más en obras, ya que la casa estaba por terminar. Aún faltaba poner el doble techo, pero se podía vivir.

Debajo de la casa había una cisterna de grandes dimensiones, donde podían caber hasta treinta mil litros de agua. Estaba acondicionada para acumular el agua de la lluvia. Fuera de la casa también había otro depósito de unos sesenta mil litros que llenaban de la acequia y así nunca les faltaba agua. Había también un corral, donde su padre guardaba las herramientas para podar los árboles y arreglar el jardín que tenían enfrente de la casa. En la entrada principal había un pequeño porche con cuatro escalones. La finca era muy grande, tenía almendros, limoneros, olivos, ciruelos rojos y amarillos. Lo maravilloso de estar allí era poder hacer el amor frente a la chimenea. Tirados encima de un colchón, abrazados y fundiéndose cuerpo a cuerpo.

El momento más duro era el de la despedida, se les hacía un mundo separarse el uno del otro. Podían estar horas despidiéndose con el deseo de verse cuanto antes.

El accidente

De vez en cuando iban a una discoteca cerca de donde vivía ella. Hasta que llegó la madrugada del diez de octubre de 1999. Ellos fueron, como tantas otras veces, a divertirse y pasarlo bien. Mientras bailaban en la pista vieron a Ramón, un amigo de Oliver. Sobre las tres de la madrugada salieron al parking para que Allison le enseñara el coche que se había comprado hacía tan sólo seis meses.

—¿Me dejas probarlo? —preguntó Ramón.
—A la vuelta lo coges tú. —respondió ella.

Cuando se disponía a darle una vuelta a Ramón, para que viera cómo funcionaba el coche junto a Oliver. A la segunda curva que había con poca visibilidad saliendo del pueblo donde se encontraban Allison ve una luz que la deslumbra. El coche que conducía por el otro carril invadió el de ellos en plena curva y Allison perdió el conocimiento tras el impacto de los dos vehículos al pegar con la cabeza en el volante.

Oliver y Ramón salieron ilesos, Allison se llevó la peor parte ya que el golpe fue en el lado del conductor, donde estaba ella. Cuando los dos vehículos colisionaron el impacto fue tan fuerte que incluso las llantas y una de las ruedas salieron disparadas a más de veinte metros de distancia. El otro vehículo lo conducían unos chicos que iban ebrios. A ellos no les pasó nada, al ver lo que habían provocado y que su coche no arrancaba, intentaron llamar a un taxi para salir lo más rápido posible de allí. Oliver les escuchó e impidió que lo hicieran cuando pudo salir del coche. Nada más bajar se dirigió hacia ellos y le propinó un puñetazo en toda la cara al conductor, por querer abandonarlos.

—De aquí vosotros no os movéis hasta que llegue la policía.

Menos mal que no le hicieron la prueba de alcoholemia, si no, Allison hubiera perdido todo.

Ellos llevaban un Renault veintiuno, más grande que el de ella, de color gris. Al coche no se le podían abrir las puertas, estaban bloqueadas, Oliver intentó abrir la puerta a patadas, su teléfono se desmontó en tres partes y aun así pudo llamar a emergencias. La radio dejó de sonar, pero el coche seguía encendido, Oliver se percató de que el combustible estaba derramándose, entonces quitó el contacto.
A Allison no la podían sacar del coche porque estaba atrapada entre los hierros, a parte, el volante lo tenía sobre sus piernas y gracias a llevar botas con punta de acero sus pies no sufrieron tanto. En el impacto con el otro vehículo su pierna izquierda quedó atrapada en la carrocería por lo que el hueso del fémur se le partió, fue una fractura abierta de tercer grado. La rótula quedó sujeta por una fina piel y se le podía ver hasta el hueso. Oliver al ver que le salía mucha sangre, le practicó un torniquete

para que no se desangrara, mientras llegaba la ambulancia, ya que él había estudiado enfermería. Él se quedó sujetando el volante para que no le provocara más daños. Al llegar la ambulancia, que tardó más de media hora, llegaron también la policía y los bomberos. Los bomberos la taparon con una manta térmica para poder sacarla del vehículo y así tampoco le llegaran metales, chispas o cristales.

Por la carretera seguían pasando coches y en uno de ellos pasó su amiga y compañera de trabajo, Carmen. Ella pensó lo peor al verla tapada con aquella manta térmica, mal susto se llevó. Pero al preguntar los agentes la tranquilizaron, el accidente había sido grave, pero ella se encontraba estable. Carmen fue quien tuvo que dar noticia de lo que había ocurrido. Sobre las cinco de la madrugada llamaba a la puerta de los padres de Allison, que, sobresaltados por la hora, salieron a ver qué pasaba.

—Carmen, ¿qué pasa?

—Siento venir a estas horas, pero es Allison.

—¿Qué ha ocurrido?

—Ha tenido un accidente de tráfico.

—¡Ay, madre! ¿y cómo está?

—Parece que la peor parte se la ha llevado la pierna, pero no os preocupéis, está bien. La están atendiendo los médicos.

—Pero, ¿cómo ha podido ocurrir?

—Al parecer ha chocado con otro vehículo que ha invadido la calzada contraria.

—¡Qué horror! Te agradezco que hayas venido

hasta aquí Carmen, ahora mismo vamos para el hospital.

Allison no recordó mucho de todo aquello. Le llegaban imágenes, como fotos en blanco y negro de lo ocurrido. Lo primero fue la luz cegadora antes del impacto, lo segundo fue cuando el bombero, al recuperar la conciencia, y con las pocas fuerzas que le quedaban pudo decirle...

—¡Javier!

Al escuchar aquello, le apartó el cabello de su cara y la reconoció enseguida.

—Tranquila, no pasa nada. Te voy a sacar de aquí.

Nada más subir a la ambulancia, reconoció al enfermero.

—Hola, Jonathan.

Jonathan enseguida que la vio no se separó de su lado mientras ella le apretaba la mano sin parar. Iban muy despacio ya que a cada bache chillaba de dolor. Otro momento que recuerda, una vez dentro del box en urgencias, es ver a muchos sanitarios vestidos de blanco yendo hacia ella, notaba como le cortaban la ropa. Aún recuerda la sensación que sintió cuando la tijera cortó el sujetador entre sus pechos. Luego vio a otro que cogía un taladro y se disponía a atravesarle la rodilla, para sujetarla, con un tornillo que le pareció muy largo.

Estaba tan medicada que no notó nada de la operación, aunque sí oía y percibía las cosas que pasaban en quirófano. Los médicos que la operaron optaron por una reducción ósea para alargarle el fémur y así poder practicar con más seguridad una segunda operación más adelante.
La herida que le quedó era bastante aparatosa y la rodilla no le quedó igual que la otra.

Estuvo seis horas y media en quirófano, al salir de la operación esperaban al doctor sus padres nerviosos.

—Doctor, ¿cómo está mi hija?
—No se preocupe, ha salido todo bien, tenía la pierna bastante mal. —dijo el doctor Navarro.

Ellos empezaron a llorar y el médico les animó:

—No sufran, que la tienen ahí, está viva.

Al despertar Allison, se vio en una sala con muchas cortinas blancas, allí se estaban recuperando de la anestesia los pacientes recién operados. Empezó a explorarse y al acercar su mano derecha a la frente, descubrió que llevaba tres puntos de sutura. Seguramente provocado por el golpe contra el volante. Bajó la mano hacia su brazo izquierdo, a la altura del hombro, pero ahí no tenía nada, solo estaba hinchado. Por último, llegó a su pierna izquierda donde comprobó que llevaba una férula por la parte de abajo y vendaje por la parte de arriba para inmovilizar. Parecía que en vez de tener una pierna tuviese tres, sin exagerar, impresionante.

Cuando los médicos creyeron conveniente, la pasaron a traumatología, a la habitación ciento ocho, en la segunda planta. Allí compartió habitación con un matrimonio inglés. A ella la habían operado recientemente de apendicitis, pero pocos días después le dieron el alta y se fueron. Horas después, entró una familia española.

Pasaron los días y venía mucha gente a verla. En el pueblo se rumoreaba que le habían cortado la pierna, otros decían que eran las dos. La gente hablaba sin saber las cosas, era alucinante. Oliver y los padres de Allison estaban todos los días con ella, los fines de semana por la noche que Oliver no trabajaba prefería quedarse él a cuidarla.

Iba perdiendo peso día tras día, el contrapeso que le habían puesto en la pierna la obligaba a llegar al extremo de la cama. Del techo colgaba una cadena, con una especie de triángulo de color negro de plástico duro, para que ella se cogiera y no se resbalara hasta el final de la cama. Muchas veces sus padres, Oliver, o hasta incluso las propias enfermeras la tenían que ayudar a subir todo lo más que podían al cojín porque cada dos por tres estaba de nuevo en el borde de la cama.

Todos los días pasaban los médicos para ver cómo

seguía, las enfermeras le tomaban la tensión, temperatura. La limpiaban, hacían la cama, porque no se podía mover. Un día una de las enfermeras que la atendía, cuando disponía a limpiarle la espalda le dijo:

—Madre mía, niña, cómo te estás quedando.
—Me lo imagino.
—Se te notan todos los huesos de la columna.

Había perdido cinco kilos desde el accidente, se le notaba bastante, ya que era una chica de poco peso y con la complicación del propio accidente, le tuvieron que hacer también varias transfusiones de sangre. En ese momento fue cuando ella se enteró de su grupo sanguíneo: Cero negativo, un grupo de sangre especial que llamaban universal.

El bombero que la ayudó a excarcelarla del vehículo fue a visitarla en cuanto pudo.

—Hola, Allison ¿cómo te encuentras?
—Hola Javier, bien, ahí voy pasándolo como puedo, es bastante jodido.
—Sí, me lo puedo imaginar. Llegas a ser más alta y más gordita de lo que eres y en vez de darte el golpe en la frente te lo hubieras dado en el pecho y no lo cuentas.
—¡Madre mía!
—Si en vez de llevar un motor dos mil, de 150 caballos, como llevabas llegas a llevar uno como los de ahora que son de lata tampoco lo cuentas, porque te hubiera seccionado a la mitad.

—¡Muy fuerte!

—Se puede decir que volviste a nacer.

Allison se quedó petrificada al pensar en todo lo que le había contado Javier, pero en esos momentos ella no reconoció que había tenido muchísima suerte. Ella sólo pensaba que era una buena niña, que por qué le había sucedido aquello, si ella no tuvo la culpa. Qué había hecho mal en esta vida para merecerse aquella desgracia con tan solo veinte años. Estaba en la flor de la vida y se la habían desgraciado para siempre, porque todo accidente de este tipo deja sus secuelas, y nada vuelve a ser lo mismo nunca. Tenía miedo de cómo quedaría, si volvería a andar, o por lo menos, si andaba, que no cojeara. Todas esas cosas le rondaban por la cabeza una y otra vez.

Poco a poco iba cogiendo cariño a los compañeros de la habitación a pesar que no sabían el idioma, se iban entendiendo bien por señas.

La segunda operación

Llegó el día veintiuno desde la primera operación, y los médicos decidieron que había llegado la hora de operar de nuevo, llevaban once días reuniéndose, estudiando su caso. La noche de antes a partir de las doce, ya no podía ni comer ni beber porque la operaban por la mañana. Al día siguiente, como todos los días, entraron las enfermeras, le tomaron la tensión, la temperatura y al no tener fiebre la llevaron para el quirófano. La operación consistía en quitarle la tracción y ver si había unido el fémur y ponerle una placa.

Le pusieron anestesia general, era una operación complicada y de muchas horas, de hecho, estuvieron más de seis operándola. La volvieron a pasar a la misma sala fría donde había estado la primera vez con esas cortinas blancas y largas hasta despertar de la anestesia y de nuevo a planta.

Ahí empezó el gran infierno para Allison, todo el dolor que había sufrido hasta el momento no era nada comparado con lo que comenzó a soportar y sufrir después de esa segunda operación.

No había medicación que le calmara aquel dolor tan insoportable. El efecto de los medicamentos le daba la sensación que le duraban tan sólo media hora y tenía que esperar hasta seis horas más como mínimo para que le pudieran dar algo de nuevo. No podía ni dormir, apenas descansaba y, cuando no aguantaba más, llamaba a las enfermeras con una perillita que tenía al lado izquierdo de la cama, y en varias ocasiones tuvieron que pincharla en el brazo derecho con una inyección de morfina, que enseguida le hacía efecto y la adormecía. Parecía estar en una nube, escuchando a la vez, pero sin poder ni hablar de lo fuerte que era su sopor. Era lo único que le calmaba el dolor, pero no se lo podían poner mucho, porque no era buena tanta medicación.

Como cada día iban pasando los médicos a ver qué tal se recuperaba, el doctor Navarro, que era quien la había operado le preguntó:

—Allison, ¿qué tal te encuentras hoy?
—Bastante mal, el dolor es difícil de aguantar.
—Sí, lo sé, pero tienes que ir moviéndote la rótula de un lado a otro todos los días.
—¿Para qué?
—Para que no se adhieran los tejidos y tengamos que volver a operar.
—Entiendo...
—También tienes que intentar levantar la pierna.
—¡Está usted loco! Cómo voy a levantar la pierna con lo que me duele.
—Tienes que hacer ese ejercicio para tu completa recuperación.
—Bueno, vale, haré lo que pueda, pero no le prometo nada.
—Está bien, pero tienes que intentarlo. Te veo mañana.

—Hasta mañana.

Aquel dolor no se podía aguantar, en la vida había sufrido tanto como entonces.

Durante la operación le pusieron un drenaje en el muslo de la pierna izquierda, con una bolsa para ayudar a retirar el exceso de líquido. Pasados dos días de la intervención llegaron las enfermeras con el médico a retirárselo.

—Ahora cuando yo te diga coges aire y soplas muy fuerte hasta que no te quede nada. —dijo el doctor Navarro.

A ella se le terminó el aire, cuando aún sacaban los tubos, recuerda una sensación de dolor muy molesta, casi indescriptible.

Dieciséis días después de ser internada, recibió el alta, poco después de pasar el médico. Le indicaron la medicación que tenía que tomar y unas inyecciones de heparina para pincharle todos los días alrededor del ombligo y así evitar una trombosis al estar tanto tiempo de reposo.

La madre de Oliver le había traído unas muletas, al llevar escayola sus pantalones no le valían y tuvo que ponerse unos pantalones de chándal. Una vez arreglada, con todo a punto, se despidió de sus compañeros de habitación y se dieron la dirección para no perder el contacto. Los padres de Allison recogieron todas las cosas de la habitación y avisaron a la ambulancia que les llevaría de nuevo a casa.

La llegada a casa

Cuando llegaron a ella se le hizo un mundo, había más de diez escalones en la entrada, más dos plantas por subir. No manejaba bien las muletas y le costaba mucho subir escalón a escalón, de tanto esfuerzo se le resentían las caderas, le costó mucho, pero subió.

Oliver bajaba todos los días con su moto, cuando terminaba de trabajar se iba a su casa, se duchaba y se ponía el pijama debajo por el frío que hacía. Llegaba a su casa helado el pobre, y no se separaba de ella en ningún momento, pero cada día tenía que ponerle la heparina en la barriga.

Después de unos días ya podía levantar la pierna sin tanta dificultad, se iba acostumbrando. A lo que no se acostumbraba era al dolor que no la dejaba vivir, ni dormir por las noches. Estaba mejor en el hospital porque allí, si le dolía mucho, le ponían la medicación por vía intravenosa que le hacía efecto mucho antes frente al dolor, en casa no era lo mismo. Estuvo con la férula unos cuarenta días y las grapas se las quitaron en dos veces.

La rehabilitación

Allison tenía que ir tres veces por semana a hacer rehabilitación con los fisioterapeutas, allí tenía que seguir unos ejercicios. Uno de ellos consistía en subirse a una especie de plato para elevar la pierna operada y aguantar el equilibrio todo lo que pudiera, después le ponían unas pesas en los tobillos, que tenía que ir levantando, tenía un mecanismo que la hacía parar con una perilla. Después, medían los grados que doblaba la pierna en cada sesión. Allison aguantaba hasta donde podía y cuando no podía resistirlo apretaba el botón para poder descansar y volvía a repetir el mismo ejercicio una y otra vez, podía estar unos quince minutos haciéndolo.

En la clínica privada, por las tardes, repetía algún ejercicio que hacía en el hospital pero también hacía más cosas. Ana, la fisioterapeuta, le cogía la pierna por el muslo, arrimada a la rodilla y con la otra mano se cogía del tobillo y la obligaba a la fuerza a doblar. Cada vez que la hacía doblar veía las estrellas, ella decía antes de empezar:

–Por favor, pásame una toalla.
–Sí, claro.

Y, cuando la fisioterapeuta le iba a doblar la rodilla, se ponía la toalla en la boca, para morderla y poder aguantar mejor el dolor.

Ella se esforzaba muchísimo, por eso iba a las dos sesiones, una por la mañana y una por la tarde.

El miedo iba apoderándose de ella a pesar de todo el esfuerzo que realizaba, no había conseguido muchos resultados.

En el hospital la metían en una especie de "jaula" y le enganchaban la pierna con una goma elástica y unas cadenas, para que fuera doblándola. Por las tardes se subía el pantalón de chándal y le pegaban unos parches en el muslo para activar el cuádriceps, los parches daban corrientes eléctricas, molestaban bastante, pero poco a poco tenía que ir subiendo la intensidad.

Durante un año había seguido aquellos ejercicios y solo había conseguido doblar treinta grados, muy poco. Como no se consiguió nada más, decidieron que parase la rehabilitación, era mucho esfuerzo para poco resultado, seguramente tendrían que volver a operar. En aquel año había tenido sus revisiones, también vinieron a verla los médicos del seguro del coche contrario, querían solucionar el problema cuanto antes, ellos fueron los que dijeron que la volverían a operar.

Tenía que ver al doctor Esperón en Benidorm para que estudiara su caso. Allí descubrieron que a raíz del accidente la pierna lesionada la tenía más corta que la otra, unos ocho milímetros, aparte tenía el desvío de columna y el doctor le comentó:

—En estas circunstancias, el día de mañana cuando quieras tener hijos sufrirás mucho. Intenta no aumentar de peso y mantenerte como ahora, todos los kilos que ganes serán peor para ti en un futuro.

—Lo tendré en cuenta, gracias, doctor.

La tercera operación

Al año y un mes de haber sido operada por segunda vez por el doctor Navarro, el doctor Esperón decidió que era la hora de operar de nuevo para ver si así podía hacer que ella doblara más la pierna. Llegó el día de la operación, un día de noviembre. La hicieron subir a la camilla de metal, con tan sólo un camisón azul. ¡Qué frío estaba aquello!

—Arquea la espalda y no te muevas —dijeron las enfermeras.
—¿Qué vais a hacer? —preguntó Allison.
—Vamos a ponerte anestesia epidural.
—¿Duele mucho?
—Tú, no te muevas, notarás un pinchazo, no te preocupes que pasará pronto.

A ella no le gustaban las agujas, no le habían gustado nunca. En realidad, no conocía a nadie que le gustasen, pero siempre hay gente que tolera mejor los pinchazos, mejor que otras personas, hay gente para todo. Cuando apenas era una niña, su madre la engañaba cuando tenía que vacunarla porque, si no, no iba. Cada vez que la pinchaba la enfermera, tenían que cogerla a la fuerza entre las dos.

Dobló la espalda, una enfermera la aguantaba un poco por delante y por detrás entre vértebra y vértebra le metieron una aguja bastante grande y larga. Al notar el pinchazo, del dolor que le produjo, no se pudo aguantar y puso la espalda recta cuando no debía moverse, pero fue inevitable. Acto seguido la prepararon para la operación, los brazos en cruz, parches para el electrocardiograma, una pinza en el dedo para comprobar la tensión durante la intervención. Ya en quirófano el doctor Esperón le pregunta mientras le pasa un algodón mojado en alcohol por la pierna.

—¿Lo notas?
—Sí —contestó ella.

Pasados unos minutos se lo volvió a preguntar.

—¿Y ahora?
—Ahora ya no.
—¿Notas un hormigueo que te sube por los pies hacia arriba?
—Sí.
—Entonces, vamos a proceder.
—De acuerdo —murmuró ella.

Allison tenía los brazos en cruz, una pantalla a su izquierda por donde estaban el médico y sus ayudantes, también tenía un monitor donde se medían las pulsaciones, tensión y otras constantes vitales.

Los médicos decían que no se podía abrir por el

mismo sitio, esta vez fue un poco más arriba, pegado a la otra cicatriz, unos centímetros más corta. Cuando finalizaron, cosieron la herida con grapas.

Poco después de la intervención, aún con el catéter en la pierna para ver si la podía doblar, la pusieron boca abajo y el cirujano le dobló la pierna todo lo que pudo. Allison empezó a ponerse pálida y cogió angustia, quería vomitar del dolor que aquello le causaba, menos mal que llevaba la anestesia que si no... El doctor Esperón había conseguido que doblara ciento treinta grados, la operación había sido todo un éxito, aunque no doblara todo lo que anteriormente, tenía muy buena elasticidad.

Esta vez la trasladaron a una habitación muy espaciosa y refinada, donde estaría ella solamente con sus padres.

Pasados dos días la mandaron a casa, para que continuara con la rehabilitación tres veces por semana, hasta que consiguiera el objetivo de doblar la pierna en su totalidad.

Salió del hospital con muletas, con un vendaje, pero sin férula, para que pudiera hacer los ejercicios cuanto antes. Esa misma semana empezó la rehabilitación, en un hospital privado.

Continuó con los mismos ejercicios que la primera vez y Ana, la fisioterapeuta, iba doblándole la pierna cada vez más, para conseguirlo cuanto antes. Todavía no le habían retirado las grapas y cada vez que Ana le hacía los ejercicios no podía evitar que las heridas sangrasen, aquello se hacía interminable por el dolor, le costaba hacer los ejercicios diariamente sin parar, para conseguir el máximo resultado posible. Después de salir de rehabilitación siempre se encontraba mejor, aunque tuviera que pasar un mal rato antes.

Por fin coche de nuevo

Volvió a conducir antes de la tercera operación, cuando decidió ir un día a un concesionario que conocía, porque los dueños eran suegros de una prima hermana de parte de madre. Al final se decidió por comprarse un Renault Clio de color rojo, que le costó seis mil euros, pagando ciento cincuenta euros mensuales durante sesenta meses. Lo pagaba de los doscientos cuarenta euros que le daban de baja por el accidente. El coche lo compró de segunda mano y tenía unos ciento cincuenta mil kilómetros. Le pareció que tenía demasiados, pero lo compró igualmente. Ella era una chica bastante valiente y cuando apenas pudo doblar treinta grados su pierna, porque lo tenía un poco complicado, ella cogía el coche y se iba a rehabilitación.

Necesitaba conducir y no depender de nadie. Las primeras veces lo hacía con el corazón en un puño, era normal sentirse así después de todo lo que había pasado. Solía asustarse mucho cuando veía un coche acercarse en la salida de algún camino, ceda el paso o stop, porque le parecía que no iban a parar y se le aceleraba el corazón. Tendía a dar volantazos, pero poco a poco fue acostumbrándose, cogió seguridad y perdió ese temor.

Cuarta operación

Así estuvo unos meses más, exactamente cuatro, hasta que la volvió a operar el doctor Esperón. Cuando ella iba recuperándose de la tercera operación, notaba cada vez que el pie tocaba el suelo le pinchaba algo en la parte trasera de la rodilla. Le hicieron más pruebas y comprobaron que tenía una esquirla ósea que se había formado en forma de punta y era lo que la pinchaba por dentro. Aparte, tenían que limpiar adherencias y vieron que la parte superior del menisco estaba suelta. Llegado el día de la cuarta operación, se dirigió con sus padres al mismo hospital en Benidorm. Le volvieron a poner la epidural y otra vez le pasó lo mismo que la vez anterior, se le durmieron las piernas y comenzaron a operarla.

—¿Puedo mirar? —dijo Allison

Ella tenía un monitor por donde operaba el doctor, que le estaba practicando una artroscopia.

—No es bueno o aconsejable que lo veas. Pero, si tienes curiosidad.
—Sí, yo lo quiero ver.

Entonces el doctor giró un poco el monitor hacia ella.
Le limpiaron todas las adherencias, le cortaron la

parte posterior del menisco y le limaron la esquirla. Cuando terminaron con la operación, la pasaron a planta unas horas, el mismo día la mandaron para casa, tenía sólo unos puntos de sutura de la artroscopia y se le fueron cayendo poco a poco porque eran absorbibles. Como después de cada operación, seguía asistiendo a la fisioterapeuta.

El alta

Después de aquel fatídico accidente y de tanto sufrimiento, dieciocho meses después, cuatro operaciones y la rehabilitación pertinente, le dieron el alta los inspectores del tribunal médico. Cuando ella se presentó, con todos los informes, le comunicaron lo siguiente:

—Eres muy joven para que te demos una pensión. Apenas has cotizado en la seguridad social.
—Sí, lo sé.
—El día de mañana ya veremos, pero de momento no puedes cobrar ninguna pensión. Así que tienes que volver a trabajar.
—De acuerdo.
—¿Qué doctor te operó? —dijo el inspector.
—El doctor Navarro y el doctor Esperón.
—Debo de reconocer que los médicos que te han operado hicieron muy buen trabajo contigo.
—Muchas gracias. El doctor Navarro me operó las dos primeras y las otras dos el doctor Esperón.
—Has quedado muy bien, has tenido mucha suerte.
—Gracias.

Salió de la consulta con su padre, su madre trabajaba y no la pudo acompañar.

De camino a casa no se le iban de la cabeza las palabras del doctor, era cierto, había tenido mucha suerte, conocía a personas que habiendo sufrido cosas más pequeñas se habían quedado cojos. Al principio estaba muy preocupada y casi cae en una gran depresión.

Su primer trabajo
después del accidente

Al momento de darle el alta habló con su suegra, tenía que buscar trabajo, ella le dijo que su hermana, que la ayudaba en el mercadillo, se había quedado embarazada y no iba a seguir en el puesto. Le ofreció probar unas semanas, a lo que Allison respondió:

—Por mí sí, encantada.
—Lo único, que se trabaja tres días a la semana.
—No me importa, por mí está bien.
—Trabajamos jueves, viernes y sábados. El pago consistiría en día trabajado, día pagado. Cincuenta euros los jueves y viernes, que son días de más venta, y cuarenta el sábado que no hay tanta.
—De acuerdo, hasta el jueves.

Llegó el día y ella se levantó sobre las dos de la mañana, se arregló y se encaminó hacia casa de su suegra en Lliber. De allí se subieron en coche a la casita de los abuelos que estaba a unos quinientos metros, a por la furgoneta. El jueves iban a Jávea, que era el lugar más lejano al que iban, por eso se levantaban tan temprano. Nada más llegar allí, tenían que descargar todo el material para montar el puesto.

Después, tenían que bajar todas las cajas y terminar de montar el puesto con sus maderas, toldos y sus cristales atornillados para exponer los alimentos dulces en vitrinas y para que no diera el aire y los secara tanto. Después de montar se iban a tomar café y al rato volvían porque tenían que exponer todo el género abriendo caja por caja y empaquetando bolsas de ensaimadas, cruasanes y rosquilletas largas. Antes de las nueve de la mañana tenía que estar todo listo para cuando vinieran las clientas. En el mercado de Jávea había mucha gente, iban como locas las dos, empaquetando fartones de chocolate y normales, sin parar hasta las dos y media, que ya empezaban a cerrar cajas, desmontar todo y cargar de nuevo la furgoneta.

Se les hacían más de las tres de la tarde, doce horas de reloj sin descansar ni un minuto. De estar tantas horas de pie se le hinchaba la rodilla y le dolía mucho, pero no tenía más remedio que trabajar. Cuando llegaban a casa de Oliver se echaban la siesta un par de horas todos los días que trabajaban.

Los viernes iban al mercadillo de Gata de Gorgos y se levantaban una hora más tarde que los jueves, a las cuatro treinta, y volvían a repetir el mismo trabajo. También era un mercadillo bastante animado y estaban toda la mañana sin parar. Los sábados iban a Benisa a las cinco y media, era el único mercado de los tres que era el más tranquilo, pero siempre llegaban a casa sobre las tres de la tarde.

Cuando llevaba unas cuantas semanas ya trabajando, decidieron que podía quedarse los miércoles por la noche hasta el sábado para ir a trabajar y así no madrugar más de la cuenta, el resto de la semana Oliver se bajaba a Pedreguer con Allison. Cada semana ya los tenías a los dos haciendo la maleta, tres días con sus padres y cuatro con los de ella. Ganaba en los tres días de trabajo ciento cuarenta euros, que venían a ser unos quinientos sesenta al mes, cotizar a la seguridad social para el día de mañana poder cobrar una jubilación, no lo tendría porque su suegra no podía pagar más, no le quedaba otra.

Eran tres días a la semana de trabajo, se hacía muy duro cuando hacía frío porque lo pasaba mal, cuando hacía calor también era insoportable. Allison llevaba peor el frío que el calor porque era muy friolera. Los madrugones tampoco eran su fuerte a esas horas que era cuando mejor se estaba en la cama, era cuando se tenía que levantar.

Pasaba el tiempo y llegaba el día de Reyes, el de los enamorados, los cumpleaños, aniversarios y siempre tenían el detalle de hacerse algún regalo. Nunca se les olvidaba, por poco que fuera todo lo celebraban. Poco a poco iban conociéndose más e iban teniendo más confianza, cada vez sentían más amor el uno por el otro.

Como toda pareja también tenían sus discusiones, que no eran muchas. Allison era muy celosa, Oliver era tan guapo y lo quería tanto que tenía miedo a perderlo, que él se enamorara de otra y si ella veía algo que no le gustaba, enseguida se ponía de morros y él se lo notaba, pero al final siempre terminaban solucionándolo porque Oliver cedía e iba a buscarla. Lo malo que ella tenía era que el enfado le podía durar una semana como no fuera a decirle algo. Pero lo más bonito llegaba luego en la reconciliación, volvían a amarse, perdonarse y quererse más aún que antes. Quererse más, parecía imposible. Era tan hermoso e intenso todo, que les parecía lo más grande que jamás habían vivido. Qué bonito era sentirse así, a ellos ya no les hacía falta nada más, solo amarse y tenerse el uno al otro.

Un día, en casa de Allison, encendieron la cámara para grabarse los dos cantando en la habitación, lo pasaban muy bien, se divertían y se reían mucho. Alguna vez solían ir a unas tierras que tenía el abuelo de Oliver, donde había un estanque muy grande con peces. Allí pasaban el rato, se hacían fotos y cuando se enteraban de que hacían tuning, también iban a pasar el día.

Al cumplir Oliver los dieciocho, sus padres le compraron un Golf de color azul marino, tapicería de piel negra y una ventana en el techo. Por su cuenta, también compró una radio con pantalla, espectacular. En la ventana de atrás, la del maletero, tenía como decoración una pelota de golf, que parecía que la habían metido dentro y se le había quedado puesta así en el cristal,
media pelota dentro y otra media afuera.

Él tenía como hobby la música y en los tuning se presentaba a la prueba de presión. Se había gastado mucho dinero en el equipo de música y cómo sonaba aquello, era impresionante, no se podía soportar, dolían los oídos.

—Baja el volumen, que nos vamos a quedar sordos —le decía ella.

Pero él no lo bajaba mucho, le gustaba la música a todo volumen y eso era muy molesto.

Cuando Oliver se enteraba de que hacían una concentración de tuning se lo contaba a ella y quedaban para ir. Se pasaban todo el día fuera de casa viendo coches tuneados, mientras esperaban a que les tocase a ellos.

Cuando llegaba su turno se ponían en la cola y ponían un aparato dentro que medía los decibelios. En varias ocasiones consiguió ciento treinta y ocho decibelios y llegaron a clasificarse en uno de los tres mejores puestos. Con el tiempo Allison se llegó a cansar, porque estaba todos los días fuera de casa y, con la pierna cuatro veces operada, se le hinchaba de estar tantas horas de pie, pero aun así lo acompañaba.

Entre semana él solía ir en más de una ocasión a la tienda donde le cambiaban los altavoces y se los ponían más potentes para poder clasificarse en mejor posición, además, se apuntó a un gimnasio y llegaba siempre muy tarde a casa.
Él la llamaba por teléfono y le pedía que subiera pronto a su casa, sobre las siete y media, que era la hora que más o menos terminaba de trabajar para

poderse ver y estar un rato juntos. Ella dejaba lo que estaba haciendo en ese momento y subía rápidamente para poder verse.

Por aquel entonces, aparte de ayudar a su suegra en el mercadillo, también se dedicaba a vender seguros de decesos puerta a puerta. Ella, cuando la llamaba, dejaba los seguros para el día siguiente poder continuar. Llegada la hora prevista lo esperaba junto a sus suegros. Poco a poco Oliver fue cogiendo la costumbre de pararse después de trabajar con los altavoces o en el gimnasio. Allison acababa cenando con sus suegros y él sin llegar, siempre se le hacía tarde.

Cuando llegaba, ella le ponía mala cara, porque contenta no podía estar, era evidente. Al entrar por la puerta la miraba, después de decir buenas noches a todos, soltaba:

—¿Ya estás de morros?, tienes mala cara.
—¿Y qué quieres, si vienes a estas horas? ¿Qué tiempo vamos a tener para estar un rato juntos? ¿Para qué me dices que venga tan temprano, si vas a llegar tarde? No digas nada, yo adelanto mi trabajo, luego vengo aquí, ceno con tus padres y tengo que estar esperándote.
—Es que estamos siempre igual.
—Normal, haz las cosas bien y todos contentos.

Empezaron a discutir sin querer, no lo podía entender, porque creía que no era necesario tener que sacar las cosas de quicio. Al principio le costaba mucho más hacer las paces, siempre era él el que terminaba cediendo hasta que un día dio la vuelta la tortilla y era ella la que tenía que acercarse a él si no querían estar mucho tiempo enfadados. No le parecía justo si ella no había tenido la culpa.

Los fines de semana que salían a divertirse y Allison escuchaba por la radio canciones de otro tiempo le recordaban el accidente y se ponía muy triste. Sin querer lo pagaba con Oliver, que era el que tenía más cerca, aunque no debería ser así. Le sabía mal, porque se daba cuenta de que era injusto y él no se lo merecía, todo lo contrario, pero no lo podía evitar, era superior a sus fuerzas. Cuando aquello pasaba, que era con bastante frecuencia, a ella le cambiaba el humor. Se ponía triste y sin ganas de nada. Sin querer le chafaba la fiesta a Oliver y a ella misma, además eso la cansaba mucho, no podía estar mucho tiempo de pie y ya no disfrutaba lo mismo. En gran parte también lo hacía por él, salir un rato y no quedarse siempre en casa, pero se cansaba con gran facilidad, iba buscando huecos donde poder sentarse y realmente ya no disfrutaba como antes.

Los celos de Allison

Los años fueron pasando y ellos continuaron igual, con sus vidas. A partir del tercer año empezaron los problemas de verdad. Todos los días tenía algo que hacer y llegaba tarde a la casa, un día decidieron apuntarse a las fiestas del pueblo, para ser festeros al año siguiente.

Al llegar las fiestas patronales, tenían que recoger dinero para poder organizar las fiestas del año próximo, vendiendo bebidas en el bar de la plaza. Allí mismo tocaban las orquestas, hacían los toros y demás atracciones. Allison continuaba trabajando con su suegra, al igual que Oliver en la obra, pero aparte de ello, tenían que ponerse a trabajar en el bar los diez días que duraban las fiestas, ya que así era la tradición, al ser pro-festeros.

Unas semanas antes de aquello Allison se enteró de que una ex de Oliver iba a estar con ellos en la barra en fiestas. En una cena que programaron para conocerse todos los que se habían presentado para ser festeros, allí estaba ella. Una chica de la misma altura que Allison más o menos, de pelo castaño oscuro, corto y ondulado. A ella aquello no le sentó muy bien, tenía celos, le molestaba y a mitad de la noche discutieron por ello. Aquello era un sinvivir para los dos porque tanto para uno como para otro no era bueno, para ella era peor, porque con sus celos era la que más sufría. Él también se llevaba su parte, ya que no tenía culpa de que ella estuviera por ahí merodeando, lo cual era motivo de discusión.

Poco antes de todo esto, conocieron a una pareja que venían de afuera y se habían instalado en la calle donde vivía Oliver, eran sus nuevos vecinos. Hicieron amistad y quedaban de vez en cuando, pero pronto le llegaron rumores de que Oliver la estaba engañando con la nueva vecina. Ella no lo quería creer, pero todo aquello le sentaba mal. Tenía un defecto o una virtud, no sabría describirlo, si algo le molestaba, se le notaba enseguida.

Ese día estaba en la caseta de campo que tenían sus padres, donde tantos fines de semana ellos dos pasaban juntos, cuando Oliver llegó después de trabajar y la vio.

—¿Qué te pasa?
—¿A mí? Nada. ¿Y a ti?
—¿Por qué dices eso?
—No sé, ¿qué has hecho?
—¿Qué he hecho yo de qué?
—Me ha dicho un pajarito que quedas con la vecina cuando ni la pareja de ella ni yo estamos delante. ¿Te has liado con ella?
—¿Yo?… ¡No!
—También me han dicho que te han visto en su trabajo afuera los dos montados en tu coche. ¿Qué hacíais?
—Se quedó tirada y me pidió si podía ir yo a recogerla y que le hiciera el favor de llevarla a su

casa, sólo eso.

Él le prometió que no había pasado nada, pero a ella le quedó la duda. Oliver se acercó para abrazarla y consolarla e intentó besarla, pero Allison lo apartó y le dijo:

—No puedo, déjame. No dejo de pensar que la hayas podido besar a ella y ahora me quieras besar a mí, lo siento, no puedo.

Al final, todo aquello lo superaron y siguieron adelante.

El fin de Oliver y Allison

Era agosto, hacía un calor insoportable. Los diez últimos días del mes empezaron las comentadas fiestas, un viernes tenía que hacer barra porque eran *pre-festeros* y tenían que conseguir dinero para el año próximo. Todo iba bien, hasta que un amigo en común, Matías, se acercó a la barra donde se encontraba Allison poniendo copas y aprovechó el momento que Oliver no estaba para contarle:

—¡Oye, Allison, ten cuidado con Oliver!

—¿Por qué? ¿Qué pasa?

—Cuando tú no estás, él no es la misma persona.

—¿Qué dices? Eso no me gusta, yo quiero que la persona que está conmigo sea tal cual delante y detrás conforme él es. No que finja al estar yo adelante y tenga que reprimir de ser el mismo.

—Para que lo sepas, es él cuando no estás tú. Cuando estás tú delante se comporta diferente, más formal digamos.

—¡Qué fuerte me parece!

—¡Ah! Y otra cosa, la tal Steisy que va a ser festera con vosotros, tiene una actitud sospechosa.

—¿Y eso?

—Pues, como no tiene coche, él la va a recoger a su casa y aprovecha por las tardes cuando tú no estás.

—Claro, cuando me echo la siesta.

—Se ve que sí, que aprovecha ese momento.

—Pues nada, gracias por la información y lo tendré en cuenta.

—De nada, cuídate.

Pasaron los días y no le comentó nada de lo hablado con su amigo a Oliver. Ella iba observando y veía que tenían mucha complicidad, tonteo con Steisy, aquello no le gustaba para nada y tenía que tragárselo.

Una noche a la hora del cambio de turno, justo en el ratito que tenían de descanso para poder escuchar un poco a la orquesta o ver el espectáculo con los toros, se dio cuenta de que Oliver hacía todo lo posible para coincidir con Steisy en vez de con ella y aquello la llenó de tristeza, no le parecía normal.

Desde que se enteró de todo y pudo verlo con sus propios ojos, por su cabeza empezaron a rondarle las dudas. Empezó a pensar que aquello no los llevaría muy lejos, que tarde o temprano Oliver iba a dejarla. Aquello no podía seguir así por mucho tiempo.

Llegó el sexto día y se veía pringando como la que más y recomiéndose por dentro imaginando que al año siguiente dadas las circunstancias no disfrutarían juntos las fiestas. Tenía que hablarlo con alguien, hacer algo, así no podía seguir, los pensamientos le taladraban la cabeza y cuando salió en su rato de descanso, que para variar no fue con él, vio a Bárbara y Ramón, dos amigos que tenían en común. Ellos le habían presentado a Oliver.

Ramón era el amigo con el que habían tenido el accidente de tráfico, y encima, era el hermano mayor de Matías. Se sentó un rato con ellos en la acera de la plaza donde hacían la orquesta y, como la vieron mal, le preguntaron:

—¿Qué te pasa?
—Un poco todo, estoy viendo cosas raras con una chica y me estoy rayando, yo me voy, no aguanto más.
—¿Pero él sabe algo?
—¡No! Y os pido por favor que no le digáis nada hasta que me haya ido.
—Sí, tranquila, no te preocupes.

Allison echó a correr plaza arriba, por donde vivían los abuelos de él. Allí tenía su coche aparcado, se subió, echó marcha atrás, ya que era de la única manera que podía salir de allí, y cuando estaba bajando la rampa vio corriendo como unos desesperados a Oliver por la parte izquierda y a Ramón por la parte derecha, llegándole incluso a abrir las dos puertas de cada lado, pero ella aceleró y salió derrapando de allí. Así dejó atrás al amor de su vida.

Poco después empezó a sonar el teléfono, era él, pero no quiso contestarle. No quería que la encontrara y fue por un camino que no llevaba a su casa, por si acaso. Después pensó que, si iba a Pedreguer la encontraría, entonces se fue a Almoines, cerca de Gandía. A las dos horas de estar llamándola le cogió el teléfono:

—¿Dónde estás?
—En Almoines.
—¿Por qué has tardado tanto en cogerme el teléfono?
—Porque no quería hablar contigo.
—Ya está, esto termina aquí.
—Sí.

Y sin darle ningún tipo de explicación aquella bonita historia terminó para siempre, sin hablar las cosas siquiera. A ella le quedó la duda y nunca más supo qué pasó, se quedó con lo que le habían contado, pensando que sería verdad aparte de lo que creía haber visto con sus propios ojos.

Poco después fue a despedirse de sus suegros, eso fue lo más duro de todo, aparte de lo difícil que era vivir sin él. Lloró y lloró. Nada la consolaba, pero siguió trabajando con su suegra, como si nada hubiera pasado y su vida después de todo aquello continuó.

Lo pasó muy mal, se acordaba mucho de él y lamentaba todo lo pasado, pero Oliver tampoco volvió a buscarla. Quizás fuera el orgullo de ambos, pero aquello nunca se habló. Todo quedó así y Allison pensó que siempre le quedaría la duda de no haber hablado las cosas con él en vez de huir. Y, de ser así, ¿qué hubiera sucedido? Porque ella veía cosas y también la gente le había contado, pero en realidad, ¿serían ciertas?

Las amigas de Almoines

Pasó el tiempo y Allison hizo amigas nuevas en Almoines, los fines de semana quedaban y se iban de fiesta. Al cabo de unas semanas conocieron a unos chicos que venían a verlas cada día. Varias de las amigas empezaron a salir con algunos de ellos y había uno que iba tras Allison, pero a ella no le gustaba, le dio calabazas.

Días después, se integró un chico nuevo al grupo, el primo de aquel al que había dado calabazas. Él era más joven, tenía diecisiete años y ella, entonces, veintitrés. Era un chico no mucho más alto que ella, moreno, delgado, no estaba mal, había atracción física y se gustaron desde el primer momento.

Un fin de semana, al salir todos de fiesta, acabaron en la casa que tenía Allison, como casi siempre. Allí fue, en el comedor, donde ellos se dieron el primer beso. La mala suerte hizo que el primo lo viera, no le gustó mucho la verdad, pero tenía que aceptarlo. Ella entendía cómo se debía sentir, le dio pena y le hubiera gustado que no lo hubiera visto, pero ya no se podía hacer nada.

Ellos estaban muy a gusto juntos, pasaban todo el tiempo que podían viéndose, hablando y quedando. Cada vez iban conociéndose un poco más, pero ella iba viendo y escuchando cosas que no le gustaban de él.

Una vez Luis, que así se llamaba, le contó que cuando le dejó su anterior pareja, él le hizo la vida imposible. Ella se fue con otro chico y del ataque de celos que le dio, le rompió la boca para que así no pudiera besar a nadie más.

También descubrió que estuvo encerrado en un correccional de menores por haber apuñalado a una persona, en una pierna. Ella cada vez estaba más alucinada, no sabía cómo dejarle, no quería continuar con aquella relación. Con todo lo ocurrido y todo lo que iba descubriendo pensó que él no era una buena persona y ella no quería a nadie así en su vida, se merecía a alguien mejor, la verdad es que llegó a tenerle miedo. Todo eran amenazas.

—Si se te ocurre dejarme, te traigo a unas gitanas para que te peguen una paliza.
—En ese caso, me las traes, pero que me entren de una en una y por lo menos me defenderé.

Un día, estando juntos, sonó el teléfono de ella y era un amigo que lo consideraba como un hermano, se llamaba Sergio, lo conocía desde hacía tres o cuatro años y tenían una gran amistad.

De vez en cuando él la llamaba para saber cómo le iba, con tan mala suerte que aquella vez coincidió que Luis estaba delante y cuando la escuchó hablar, nada más colgar el teléfono espetó:

—¿Quién es ese?

—Sergio, un amigo.

—¿Para qué te llama?

—Para saber cómo estoy y como me va, lo normal entre amigos.

—No quiero que te llame más.

—Vale, no te enfades.

Terminó la conversación y ella le explicó todo, pero a él no le sentaba bien porque era muy celoso, demasiado, el que más hasta la fecha.

El robo

Al día siguiente fue a trabajar al mercadillo cerca de Almoines, vendía plantas naturales que las trasportaban en una furgoneta, los días que no iba a al mercadillo con su ex-suegra se encargaba del riego y venta de plantas, ese día la acompañó su padre. Cuando terminó la jornada de trabajo volvió a casa y cuál fue su sorpresa al llegar, su coche no estaba aparcado donde lo dejó y Luis tampoco estaba en casa. Tuvo un mal presentimiento: había desaparecido sin decir nada con su coche, no quiso pensar mal, pero tenía la sensación de que Luis se lo había robado. Asustada le dijo a su padre:

—Papá acompáñame, creo saber dónde puedo encontrar a Luis, seguro que ha ido a casa de sus abuelos, cerca de Cullera.
—Sí, claro, vamos.
—Este no va a volver, se ha fugado con mi coche.

Se fueron hacia Cullera, nada más llegar le dijo a su padre que la esperase con la furgoneta en la rotonda, porque no había sitio para aparcar, y así ella cogía aquella recta donde normalmente aparcaba cuando iba a verlo.

Fue hacia el final de la calle, vio que Luis abría el coche y se metía dentro. Allison, entonces, empezó a correr para que no se escapara y al llegar al coche, pegó un golpe tan fuerte en el cristal, con la palma de la mano abierta, que él se sobresaltó. Del mismo susto salió corriendo del coche y se puso en la parte trasera. Ella cogió las llaves y se fue hacia él antes de que se escapara, todo fue muy rápido, y muy enfadada le gritó:

−¿Pero tú de qué vas? ¿Quién te has creído que eres para hacerme esto? Mala persona. Hemos terminado, se acabó.

Él no dijo ni una palabra y se fue con la cabeza gacha, como un perro con el rabo entre las piernas. Fue a buscar a su padre y se volvieron para casa, de camino pasaron por el cuartel de la Guardia Civil con intención de poner la denuncia pertinente.

−¿Pero has recuperado el vehículo? −le preguntó el agente.
−Sí.
−Entonces no podemos hacer nada más.

Y se fueron, todo fue inútil. Al llegar vio que su chaqueta, zapatos y colchón estaban llenos de agujas. Quiso averiguar el porqué de todo aquello, Luis le dijo que era para hacerle daño, para que cuando se acostara con otro se pinchara y se acordara de él. Tuvo que volver con él por miedo, pero a la vez con mucho cuidado por todo lo que había pasado, vivía con miedo porque seguían las amenazas de muerte. Que no se le ocurriera dejarlo porque ya sabía lo que le podía pasar. Poco a poco ella le iba dando excusas para no subir a verlo y se iba separando de él.

Un día no aguantó más sus amenazas y fue a denunciarle al cuartel de la Guardia Civil. Por si le pasaba algo, ya que le había amenazado de muerte y temía por su vida. La última vez que subió a verlo, él la entretuvo, mientras un amigo le robaba el equipo de música del coche, el mismo que le había regalado su gran amor Oliver, valía mil ochocientos euros. Cuando fue a por su coche, para irse, vio que le habían roto el cristal del conductor, le habían robado el equipo y registrado todo el vehículo. Se fue de nuevo al cuartel, a denunciar lo que había pasado. Allison les dijo quién había sido, pero como eran suposiciones y no había visto a nadie, no podían hacer nada. Ella le preguntó al guardia entonces:

—¿No cogéis las huellas ni nada?

—Tú has visto muchas películas ¿no?

—Entonces, ¿para qué sirve venir a denunciar, si no sirve de nada? No vais a encontrar nunca al culpable. Y el equipo de música menos todavía.

Salió del cuartel con el agente hacia el coche, abrió el maletero y con una linterna echó un vistazo y poco más. Desde allí Allison vio en la lejanía, arriba de un puente, a Luis mirándola y riéndose de ella. Salió de allí con una impotencia terrible, viendo lo injusta que era la vida. No servía de nada denunciar, era una pérdida de tiempo. En ese momento supo que no valía la pena molestarse más. Poco después, terminó aquella historia tormentosa con un mensaje desde un móvil que no conocía:

–Tienes buen equipo de música… jajaja.

Esto fue lo último que supo de él, pero el destino le reservaba aún otra mala noticia. Recibió una carta con una multa del día que le robaron el coche. Al parecer, lo condujo a gran velocidad. Le quitaron tres puntos y tenía que pagar doscientos euros de multa. Inmediatamente habló con su abogado, el mismo que le había arreglado todos los papeles del accidente y recurrieron, la denuncia nunca fue pagada.

Ella siguió trabajando, alternando la venta de plantas con su trabajo en el mercadillo vendiendo dulces, trabajaba para ella y también para su ex suegra.

Mónica

Allison solía reunirse con sus amigas. Mónica, era con la que tenía más afinidad, le presentó a dos amigos suyos en un pub de la zona, ella le dijo:

—No están mal, son monos.
—Pues sí.

Mónica era una chica más o menos tan alta como ella, su pelo era largo, negro y ondulado, de complexión era más bien ancha. Tenía muy mala leche cuando se enfadaba, era la única del grupo que se quitaba de encima a los moscones. Una vez en la calle, cerca de la discoteca Cocoloco tropezó con el candado de una moto y se cayó al suelo, delante de todo el mundo. Dos chicos vieron la caída y se dirigieron a ayudarla. En el momento que le tocaron el brazo empezó a chillar:

—Dejadme en paz, yo puedo sola.
—Vale, vale, pero no te pongas así, que solo queríamos ayudarte.

Tenía ese pronto, ya la conocían, ella era así. Pasados unos meses, en mayo para ser más exactos, se fueron de fiesta Mónica, Maite y Allison a una famosa discoteca en Benidorm llamada Mansión.

A ellas les gustaba mucho la música que ponían allí, la denominada maquineta o música bacalao. Era una música bastante fuerte y todos la bailaban dando saltos sin parar en toda la noche. Podía perder dos o tres kilos en un fin de semana bailando, luego los solía recuperar entre semana y así, sesión a sesión, semana tras semana.

Maite era una chica más o menos como ellas de alta, de pelo rubio y rizado, cara muy bonita, parecía una muñeca de porcelana. Le gustaba arreglarse bastante, ir a la moda, iba muy bien conjuntada, cosa que a Allison le gustaba.

Solían vestirse casi siempre como las gogó, las bailarinas que bailan arriba de los pódiums en las discotecas.

Una vez, de camino a la discoteca, tuvieron que aparcar el coche en el arcén de la carretera, ya que el parking estaba lleno. Cuando iban a cruzar la carretera, Maite se entretuvo un poco y gracias a que las avisaron los chicos, que conocieron unos meses antes, no las atropelló un coche.

El reencuentro

Se volvieron a encontrar de nuevo con los chicos, Roberto y Kevin. Kevin no se acordaba de ella, así que se lo recordó Allison.

Roberto era un chico de metro ochenta, ojos marrones, pelo castaño, simpático y guapo, más bien delgado, vestía muy bien y siempre con ropa de marca. Kevin tenía mejor planta de los dos, sus ojos eran marrones, tenía el pelo castaño, era delgado, pero musculado. Medía sobre el metro ochenta también, con unos pantalones vaqueros no muy oscuros y un jersey gris de licra con unas letras en negro y naranja. Llevaba el pelo pincho y las puntas eran rojas, llevaba unas lentillas de color, que parecía un demonio. Cada vez que Kevin la miraba, ella se ponía nerviosa y no le gustaba mirarlo.

—No me mires a los ojos.
—¿Por qué?
—Porque me das miedo.

Aun así se notaba que se gustaban, que había atracción. Ella había ido con unos amigos que habían conocido hacía poco. Uno de ellos se llamaba Efrén, era algo gordito, moreno y con gafas, que iba atrás de Allison. Ella le había ayudado incondicionalmente sin esperar nada a cambio, lo estaba pasando muy mal, no se llevaba bien con sus padres. Allison le dio alojamiento comida y trabajo, ese día también se unió a la fiesta.

Bailaron mucho y se divirtieron hasta las tres de la madrugada, la hora cuando la discoteca dejaba salir a la gente del recinto. Dentro de la discoteca, Kevin se acercó a ella, que en ese momento estaba bailando arriba del pódium, y le preguntó:

—¿Te puedo dar un beso?
—No, ahora no, porque he venido con un amigo que está por ahí y delante de él no me gustaría, es una falta de respeto y no quiero hacerle daño.

Él la respetó, pero le propuso salir fuera y se fueron los dos al coche de su amigo. Estuvieron hablando largo y tendido, horas y horas. Él le contó que era de Piles, ella que su padre era de allí cerca, de Almoines. Entre charla y charla Kevin le confesó que era virgen que nunca había tenido relaciones sexuales con ninguna chica y le preocupaba ya que tenía diecinueve años. A ella le parecía raro encontrar un chico virgen con esa edad, pero le creía. Le contó que conoció a una chica en un camping, junto con su amigo Roberto, unos meses atrás, que iban con ellos solo por conveniencia, ya que Roberto tenía coche y ellas no, así se aprovechaban e iban con ellos. Se enrollaron y se dio cuenta del palo que iban y lo dejaron.
La casualidad hizo que estando en el coche de Kevin, mientras hablaban, abrió una chica la puerta

por la parte por donde estaba Allison y ¿quién era? Marta, la chica de quien le había hablado Kevin hacía nada. Era muy guapa, con unos ojos muy bonitos, atractiva, delgada y bajita, más o menos como ella. Su pelo era castaño, ondulado, largo también era bastante simpática, era la chica que se había liado con Kevin.

Pasó por delante de Allison, más bien por encima, y se alargó hasta llegar a Kevin con intención de besarlo, Kevin le dijo que no y que se fuera. ¡Menuda falta de respeto, qué espabilada la tía y qué poca vergüenza! Después de ese incidente, Kevin se sentía mal por lo que pudiera pensar de él, que era un cara dura. Allison se quedó petrificada, sin palabras, no entendía nada, pero él se lo explicó y le dijo que estuviera tranquila, ella no significaba nada.

—¿Pero estás con ella?
—No.
—¡Ahh! Es que parecía otra cosa.
—No, te lo prometo.
—Si estás con ella dímelo, yo me aparto y ya está, no quiero problemas.
—No, de verdad. No tengo nada con ella.
—Eso terminó.

Continuaron conversando, a lo largo de toda la noche apenas se dieron cuatro besos. No les hizo falta más para entenderse, estuvieron muy a gusto hablando. Estuvieron allí hasta que se hizo de día y después vinieron a parar todos a la casa de Allison para continuar con la fiesta hasta que se cansaron y se fueron. Allí, en su casa, tenía dos jardines con palmeras y césped donde se tumbaban en toallas conversando y escuchando música.

El momento especial

Empezaron a salir el diez de mayo de 2003 y el diecisiete de ese mismo mes ya estaban viviendo en la casa de Allison, allí se quedaron un año. En la habitación de matrimonio, él empezó a besarla y a tocarla, al ver que él no paraba y que estaba bastante emocionado, ella le insinuó:

—¿Quieres que lo hagamos?
—Sí, si tú quieres.
—Por mí, está bien.

Él era virgen y le había contado que había tenido oportunidades, pero él no quería hacerlo con cualquiera, solo con la persona que fuera especial para él, y esperó hasta ese momento. A ella todo aquello le parecía muy bonito y especial, se sintió muy a gusto por todos esos detalles y por haberse convertido en la primera mujer para él. Cuando terminaron de hacer el amor, Kevin se tumbó boca arriba a su lado, Allison nunca olvidará la cara que a él se le quedó. Tenía una sonrisa de lado a lado, que no podía ser más grande, y se le notaba muy contento, eso a ella la hizo muy feliz.

Casi todos los días tenían relaciones y no sólo una vez, sino varias, era increíble. Con el tiempo iban teniendo menos, pero más intensas, se conocían más y eran mejores.

Kevin le presentó a todos sus amigos y congenió mucho con una pareja de Piles que se llamaban Fran y Coral. Fran era uno de los mejores amigos de él, muy simpático y bromista, un poco más bajo que Kevin. Coral era muy delgada, pero con buen cuerpo, daba gusto mirarla. Su pelo era de color rubio, liso y lo llevaba por los hombros, vestía muy moderna, todo lo que se ponía le quedaba bien.

En aquella época, ella estaba estudiando y Fran la ayudaba bastante. Era francesa, tenía dieciocho años y hacía cuatro que vivía en Piles. Estaba en un chalet en tercera línea de playa, de una sola planta, viviendo con sus padres y uno de sus hermanos. El otro, vivía en París con su mujer y su hija.

Desde ese día tuvieron mucha amistad y quedaban bastante, cuando se veían en el paseo o cuando quedaban con el grupo de amigos las noches de verano en la playa, ellos dos eran inseparables, siempre estaban el uno encima del otro, se querían mucho.

Pasaron a vivir juntos

A partir de aquel momento quedaron en verse todos los días, iba a verlo y tomaban algo en un bar cerquita de unos conocidos franceses que él tenía. A la semana de empezar a salir ya estaban viviendo juntos, ella subía el domingo a merendar a Piles, donde vivía Kevin con sus padres y su hermano pequeño, Ernesto, con el que se llevaba nueve años de diferencia y el resto de la semana lo pasaban en Pedreguer con los padres de ella. Ernesto era el pequeño, por aquel entonces tendría diez años, no era muy alto, era un poco grueso, rubio y con ojos azules.

Kevin tenía mucho parecido con su padre, parecían dos gotas de agua. A su madre le gustaba vestir moderna y por aquella época cuando él los presentó, sus padres no estaban muy bien, el matrimonio hacía aguas, al final se rompió definitivamente y la madre de Kevin, Daniela, se fue con Ernesto a vivir con la abuela materna.

Un día conoció a la abuela de él, era muy campechana y todo el pueblo la conocía y la quería. Se llamaba Isabel, sus cabellos eran cortos, grises y rizados, siempre estaba contenta y sonriente, tenía una forma muy peculiar de reír que era muy contagiosa. De vez en cuando iban a comer a casa de Isabel que les hacía unos pucheros para chuparse los dedos, con una pelota para cada comensal que estaban excelentes. También hacía crosta, un arroz al horno que se hacía de las sobras del puchero con huevo por encima, a Kevin le gustaba mucho. A Allison no le gustaba la crosta, pero en varias ocasiones, para no ser descortés, la comió.

La venta de la nave

La convivencia con el padre de Kevin, Víctor, se hacía bastante complicada a raíz de la separación. Padre e hijo se parecían mucho en el carácter, por eso chocaban continuamente. Aparte, físicamente eran muy parecidos, Víctor tenía unas fotos en el comedor de su casa de cuando fue a la mili y si no fuera porque estaban en blanco y negro hubieran podido confundir al hijo con el padre. Ellos trabajaban juntos, Víctor tenía una empresa de soldadores de estructuras metálicas con su socio Jaime, que era también su hermano. Al parecer Jaime, bajo manga, iba haciéndose con dinero de la empresa, engañando así a Víctor como quería. Cuando llegaba el final de año, hacían el cierre contable y repartían los beneficios, Jaime siempre se quedaba con la mayor parte. Eso lo supieron conforme veían que se iba comprando vehículos, Mercedes Benz, motos y demás caprichos. ¡A saber con cuánto dinero se había hecho a sus espaldas sin ellos saberlo!

Un día Kevin no aguantó más, siempre estaban discutiendo, aquello no podía ser.

—Oye, ¿tú me apoyas? ¿Vas a seguir conmigo para llevar la empresa? En un futuro será tuya.

—No, ya me cansé, siempre estamos igual y

encima sólo me pagas quinientos euros, es muy poco dinero.

—Nada, la pondremos en venta.

—Haz lo que quieras.

Víctor habló con Jaime, decidieron vender y tuvo que partir el dinero de la venta con él. De la parte que le correspondía le dio la mitad a Daniela, porque también era accionista. La verdad es que, a pesar de todo, se portó como un caballero con la que una vez fue su mujer como bien pocos saben hacer, eso es admirable, dice mucho de él como persona.

La indemnización

Por aquella época se fueron a vivir a la casita de Allison, y vivían los dos del trabajo de los mercadillos de ella, él estuvo todo un año sin trabajo ayudándola, pero el negocio también se fue a la ruina porque las plantas no daban para los dos. Menos mal que tuvieron algún ingreso gracias a que a Allison le salió el juicio del accidente por el que cobró una cantidad importante de dinero, que se gastó ese mismo año. Compró un apartamento en la playa por el cual tuvo que pagar una entrada de nueve mil euros más seis mil seiscientos euros de escritura, a nombre de los dos, sin que él hubiera puesto nada, cosa que no debería haber hecho nunca, pero de los errores se aprende. Se gastó más dinero que lo que costaba el apartamento arreglándolo, comprando muebles y electrodomésticos que necesitaban. Lo compraron un dos de abril, el mismo día que cumplía los años Susana, la madre de Allison.

Al abogado tuvo que pagarle más de nueve mil euros, después le dejó a Víctor veinticuatro mil euros para comprarse un Mercedes de segunda mano, a sus padres les dio otros veinticuatro mil euros para que terminaran de construir la casa del campo.

París

Hicieron dos viajes, uno en enero del 2004 a París con Josefa e Iván, una pareja que conocían de los mercadillos. Estuvieron cuatro o cinco días, era la primera vez que se subían a un avión, la experiencia fue emocionante y con miedo a lo desconocido, durante el trayecto se le ocurrió decir a Allison:

—¿Kevin? ¿Llegaremos a tocar tierra de nuevo?
—Qué cosas dices, pues claro.
—Por lo menos, si no llegamos y el avión se cae, moriremos juntos.
—Va, no digas bobadas.

Tardaron unas dos horas en llegar e inquieta comentó Allison:

—Al llegar besaré tierra como el Papa —cosa que al final no hizo.

Los cuatro se dirigieron al metro, para que les llevara a la estación Barbès donde tenían el hotel, cerca de la Basílica del Sagrado Corazón. Al llegar al metro les llamó la atención que había gente de todas las culturas y les pareció ver muy pocos franceses:

—¿Hemos venido a París y dónde están los

franceses? –preguntó sorprendida Allison.

Aquello parecía increíble. Por el camino se encontraron con un marroquí que hablaba francés, menos mal. Josefa, que sabía el idioma, habló con él para que los informara por dónde se encontraba el hotel. Ella sabía francés, por eso se animaron a viajar a Francia. El hombre fue muy amable, tuvo la gentileza de acompañarlos hasta la entrada del hotel y se fue.

En recepción les asignaron sus habitaciones, seguidamente fueron a dejar el equipaje. Josefa e Iván, cuando terminaron de deshacer las maletas, fueron a la habitación de ellos. Estuvieron hablando largo y tendido. Se hicieron fotos Kevin e Iván en calzoncillos y con dos cojines, cada uno, a forma de pañal. Pasaron un buen rato, se rieron un montón y lo pasaron genial, después cada uno se fue a su habitación a descansar, mañana les esperaba un día largo.

A la mañana siguiente se levantaron temprano y fueron a desayunar al comedor del hotel, un chocolate caliente con cruasán Allison, los demás tostadas con mantequilla, mermelada y café con leche. Después cogieron rumbo a la Basílica del Sagrado Corazón, había más de doscientos escalones para subir a la cúpula y poder ver las impresionantes vistas de París. Allí, pararon en un bar a tomar algo y les pareció que todo era muy caro. Una botella de agua valía tres euros, un paquete de tabaco cinco, menos mal que Kevin que era el que fumaba se había llevado un cartón desde su casa. Algún día que otro comían en los restaurantes chinos porque era lo más económico y también compraron comida en "Charters", los supermercados más conocidos de París.

Compraron recuerdos a los familiares y estuvieron en Saint-Denis, ubicada en los suburbios de París, también vieron los Châtelet, pequeños castillos ubicados en la entrada de los puentes, estuvieron en el famoso museo del Louvre e hicieron fotos al cuadro de la Mona Lisa.

También visitaron la Ópera, el Moulin Rouge, famoso cabaret parisino, pero desde fuera, la Catedral de Notre Dame. La construcción fue desde 1163 hasta 1345, su estilo de arquitectura gótico y su fundador fue el obispo Maurice Sully, sus dos torres miden 69 m de altura. En la entrada había una máquina donde insertabas un euro y te aplastaba la moneda con la forma de la catedral, la cual se llevaron de recuerdo. Estuvieron en el museo de cera, Grévin, donde había unas quinientas figuras de personalidades importantes. Se hicieron fotos con Ronaldo, Michael Jackson, Marie-Antoinette, Teresa de Calcuta, el Papa Juan Pablo II, Lucky Luke, Gérard Depardieu…

Vieron y subieron a la Torre Eiffel de día y de noche, ¡qué bonita se veía con todas sus luces y lo alta qué era! Se construyó para la Exposición Universal de París en 1889. Su altura inicial era de trescientos metros prolongada más tarde con una antena hasta los trescientos veinticuatro metros, la torre Eiffel fue la estructura más elevada del mundo durante cuarenta años. Subieron en ascensor hasta la última planta situada a doscientos setenta y cinco metros del suelo. Al subir arriba del todo y salir al exterior, para poder hacerse fotos, casi vuelan del aire que hacía. Cuando decidieron bajar probaron por las escaleras, pero al enterarse que había mil seiscientos sesenta y cinco escalones terminaron cogiendo el ascensor. Vieron el Sena, pero ya no les dio tiempo a hacer el paseo en barco por el río.

El recuerdo

Hacía un frío que pelaba y Allison se compró un chaquetón negro, largo y muy acolchonado. La gente no iba con paraguas porque se les rompía del aire que hacía, todos iban con chubasqueros con la capucha puesta para no mojarse. El último día se les ocurrió a los cuatro llevarse un recuerdo para toda la vida. Se acercaron a Châtelet y entraron en una tienda de tatuajes, después de mucho elegir se hicieron uno cada uno. Kevin se hizo un escorpión en el brazo, casi en el hombro, e Iván un tribal, también en el brazo. Las chicas se lo hicieron donde empieza la espalda, Josefa un tribal y Allison otro similar, pero con unas flores adornándolo para que fuera un poco diferente. Todos terminaron bastante pronto menos Allison, cuyo tatuaje tardaron en terminárselo más de dos horas. La tatuadora era muy buena, había quedado segunda en un torneo. Al principio no molestaba tanto, pero sí dolía cuando repasaba por encima, lo que le aliviaba un poco era cuando le pulverizaba la espalda y casi perdieron el avión de vuelta al entretenerse tanto. Allison terminó con un gran dolor de espalda y no sabía cómo ponerse. Se les hizo tarde y con las prisas tuvieron que coger un taxi hasta el aeropuerto y llegaron de milagro. Fue un viaje inolvidable.

Múnich

Dos meses después, volvieron a reunirse para hacer otro viaje, esta vez a Múnich.

Allí estuvieron cuatro días y vieron el campo de concentración de Dachau, uno de los más representativos junto al de Polonia de la masacre nazi. Pasaron por un museo, donde había muchas fotografías del exterminio, todos vestían igual, dormían en literas de madera donde cabrían cuatro o cinco personas.

Los trajes eran de rayas negras y blancas, también vieron las cámaras de gas. La visita les impactó y a la vez les llenó de tristeza, Dachau estuvo abierto doce años, desde el veintidós de marzo 1933 hasta su liberación el veintinueve de abril del 1945.

Otro día estuvieron en la plaza más famosa de Múnich; Marienplatz, donde hay varios monumentos de interés, entre ellos el Nuevo Ayuntamiento con su famoso Carrillón, de donde salían unas figuras de tamaño natural que representan la fastuosa boda del duque y el baile de los toneleros celebrando así el final de la peste. Compraron recuerdos para casa, familia, amigos y entre tantas cosas compraron también dos jarras de cerveza de un litro, típicas de Alemania, con el cristal bastante grueso para mantener fría la cerveza. También se llevaron vasos de chupitos, un cuco que era un reloj de pared en una casita de madera, todo artesanal, pero también muy caro.

Otro día estuvieron en un mercadillo, en el que había unos puestos donde vendían frutas exóticas de sabores variados.

Al cabo de unos días volvieron a casa, este fue el segundo viaje que hicieron en poco tiempo. Todo lo pagaba Allison con el dinero que le habían pagado los del seguro por el accidente.

Poco después del viaje, Kevin se sacó el carné de conducir, también se compró un Honda Prolude de gasolina, color verde botella, deportivo, de diez años de antigüedad, le costó nueve mil euros.

Un día, al bajar del coche, vio un folleto en el suelo, donde anunciaban pisos, desde cien mil euros, en un pueblo cerquita de Almoines. En ese momento empezaron a plantearse comprarse alguna vivienda, de cara al futuro, por si se casaban, algún día.

Viaje a Cantabria

Un día hicieron un viaje a Cantabria los cuatro: Fran, Coral y ellos dos. Alquilaron una casita rural, donde por la parte delantera se veían las montañas nevadas y por la parte trasera se veía la playa. ¡Qué lugar tan bello!, había muchos prados verdes con mucha vegetación y un montón de vacas y caballos. Vieron muchos pueblos de por allí, en especial San Vicente de la Barquera, de donde era Bustamante, el ídolo de Allison.

Iban por las calles y ella caminaba con la esperanza de poder coincidir con él o por lo menos poder verlo, aunque fuera de lejos, pero lo único que alcanzó a ver fue en la parada del autobús un cartel con su imagen.

En ese pueblo montaron a caballo por lo menos una hora y les pusieron hasta casco. Todos los demás iban con caballos que les hacían caso, pero a ella le tocó uno de color marrón y crin negra, que iba a la suya. Ella quería ir tranquila y el animal se ponía a galopar, era difícil pararlo, iba a su aire. Pero aún así, fue una bonita experiencia, a pesar de todo lo pasaron muy bien, al no estar acostumbrados a montar a caballo acabaron bastante doloridos.

Eso fue por marzo del 2005, coincidió con las fiestas de pascua y con el cumpleaños de Allison, que era el veinticinco de marzo. Como no tenían tarta, le prepararon una tortilla de patatas gigante para cenar los cuatro, de velas le dibujaron los números en un folio, los recortaron, pintaron, los pegaron con celo a unos palillos para que se sujetaran y así poder simular las velas y ponerlas en la tortilla y hacer fotos.

Ese día no salieron de la casa, estuvieron celebrándolo, bebiendo, los chicos jugando a la PlayStation y ellas jugando a las cartas, y se acostaron pasadas las seis de la mañana, viendo la tele y escuchando música. Al día siguiente decidieron ir por la parte trasera de la casa, campo a través, a la aventura, a ver qué veían por allí. Allison llevaba unos zapatos tipo deportivas con una suela gigante de color gris, apenas podía andar por las montañas. A sus amigos aquello les causaba mucha risa, pero al final llegaron bien sin ningún percance, que era lo importante. Había muchas vallas, allí estaban las vacas, en varias ocasiones les dieron hierba para que comieran. Cuando se cansaron volvieron a la casa rural.

En San Vicente de la Barquera, de vuelta a casa, para acceder al pueblo tuvieron que pasar por una carretera muy estrecha. Del lado derecho se veía el mar y sus barquitos de pescadores. Al subir la marea bien, pero, cuando bajaba, se quedaban encallados en la arena. Aquello les pareció curioso, no lo habían visto nunca.

La salida de Pedreguer

Kevin y Allison estuvieron un año en la casa, que le prestaron sus padres para que pudieran vivir. Por aquel entonces el padre de Allison bebía bastante y les daba mala vida a Susana y a ella, pero no porque las insultara o les pegara, no, porque, sin querer, cuando venía a casa en malas condiciones reñían y, sin querer, llegaban a discutir.

La mayoría de veces cuando llegaba de por ahí se iba directamente a la cama, cogía un cubo y se iba a acostar con él, al lado, por si acaso no le daba tiempo de llegar al baño. Alguna vez que otra había malas contestaciones, en más de una ocasión, cuando iba bebido, echó a Allison de casa. Una vez la echó y ella se llevó su moto y se refugió en casa de su amiga Carmen. Pasaron dos días y, cuando él recapacitó de lo que había hecho, fue a buscarla allí y le dijo:

—Vuelve a casa.
—No quiero, tú me echaste. Ya me las apañaré.
—Como no vuelvas, voy a la policía y te quito la moto.
—Me da igual, ve donde quieras, pero la moto no me la puedes quitar ni tú ni nadie porque está a mi nombre.

Al final terminó cediendo y volviendo a casa, pero la

segunda vez que la echó fue con Kevin estando en la casita. Llegaron un día y lo vieron tirado en el suelo del comedor bebido, discutieron porque ella le dijo:

—¿A ti te parece normal esto?

Y él terminó echándoles, se fueron a vivir al pueblo de Kevin, a Piles, a la casa de su padre.

Dormían en la habitación de Kevin en una cama de ciento cinco, apretaditos, pero se apañaban, no les importaba. Cuando llevaban un año y medio saliendo, decidió dejar de tomar las pastillas anticonceptivas porque ya habían puesto fecha para casarse, veinticuatro de junio de 2006, faltaba poco más de un año.

Como ya había escuchado en varias ocasiones, de mujeres que querían quedarse embarazadas y no podían, cuando querían, por culpa de las pastillas, ella cogió miedo y las dejó de tomar, cosa que no tendría que haber hecho.

Desafortunadamente se quedó embarazada, nunca hay que hacer caso de lo que te digan, cada persona es un mundo y lo que a unas les vale, a otras, no. Empezó a encontrarse mal, con náuseas, le dolían los pechos y decidieron ir al ginecólogo. En el hospital le hicieron una ecografía confirmando así que realmente estaba embarazada, aunque todavía no conseguían ver el embrión. Le dieron otra fecha para volver a ver cómo iba el embarazo, ellos no querían, todavía no se habían hecho a la idea, pero, sin querer, empezaron a hacerse ilusiones. No estaban contentos del todo porque les hubiera gustado estar casados para ello, pero decidieron que a pesar de todo lo iban a tener. Pasaron los días y volvieron a la consulta, donde le volvieron a hacer otra ecografía, pero continuaban en lo mismo; no se veía nada.

—Si la próxima semana no se ve nada, tendremos que provocarte un aborto ya que podría tratarse de un embarazo anembrionario.

—De acuerdo, doctor, entonces esperaremos a la semana próxima —susurró Allison con cara de pena, pero aún con esperanza.

Volvieron a la semana siguiente, estando en la sala de espera vieron que había por lo menos nueve chicas más, como ella, todas embarazadas.

La llamaron, entró a consulta y pasó lo mismo que la otra vez, en la ecografía no se veía nada, así que le dieron la fecha para provocarle el aborto.

Ocho de las diez chicas que en teoría estaban embarazadas, no lo estaban, les pasó lo mismo que a ella.

—¿Y eso a qué se debe?

—Podría ser debido al influjo de la luna, aunque las causas se desconocen.

—Y ¿cómo se le llama a lo que nos ha pasado?

—Es comúnmente conocido como óvulo huero, también llamado embarazo anembrionado.

—Ah, pues vaya cosa curiosa, no lo había escuchado nunca.

—No es muy común, pero a veces ocurre.

El ginecólogo le contó que cuando la medicina estaba menos avanzada, no había tantos medios como ahora para poder mirar a las mujeres en el desarrollo de su embarazo. Las mujeres desarrollaban los mismos síntomas que en un embarazo normal, cuando se disponían a parir, solo parían la placenta. Allison no podía ni imaginar el sufrimiento de esas mujeres y agradeció que ella no tuviera que pasar por lo mismo.

Después de aquella conversación y aquella fatal noticia se fueron los dos para casa muy tristes. No podían hacer nada, las cosas a veces son así y hay que afrontarlas como vienen.

Llegó el día y se fueron al hospital, el problema también se lo había causado el grupo sanguíneo, Allison era O- y Kevin A+, tuvieron que ponerle una inyección para prevenir la incompatibilidad del Rh, así evitaban que la próxima vez le volviese a ocurrir. Al poco rato se levantó y bajaron los dos a la cafetería para desayunar, cuando Kevin se acordó que le había caducado el ticket en la zona azul y le dijo:

—Espérame aquí, en estos sofás, mientras yo voy a cambiarlo.

—Vale, no tardes.

Allison empezó a marearse y a encontrarse mal, se fue al servicio más próximo. Allí vio que tenía un fuerte derrame entre las piernas, como pudo, apenas podía mantenerse en pie, salió del baño y en la misma puerta nada más salir, cayó desplomada. Un hombre que bajaba por las escaleras se le acercó y le dijo:

—Oye, ¿qué te ocurre? ¿estás bien?
—No, no sé lo que me ocurre, por favor llama a una enfermera, necesito ayuda.

Localizó a una enfermera y la volvieron a subir a ginecología, en la camilla. Kevin volvió, no la vio, y se volvió loco buscándola.

—¿Qué te ha pasado? —le preguntó.
—He ido al servicio y al salir he tenido un derrame. Al perder tanta sangre, me he desmayado en la puerta.
—¡Madre mía! —exclamó Kevin. —¿Cómo estás?
—Ahora ya mejor, me han dicho que esperemos un poco, que me tome este zumo y en casa tendré que hacer reposo.

Se fueron a casa y estuvo de reposo unos días. Después, todo siguió igual, trabajando en el mercadillo tres veces a la semana.
Por esa época alquiló cerca de un colegio un local muy pequeño, donde abrió un kiosco y, como el negocio le iba bien, tenía en mente traspasarlo a un local más grande, donde poder montar un locutorio.

Tenía una amiga que le ayudaba los días que trabajaba en el mercadillo, se llamaba Julia. Eran amigas desde el colegio y siempre habían tenido muy buena relación, de pequeñas habían hecho alguna que otra travesura. Una vez en la casa de sus abuelos, tenían una cabaña en lo alto de un árbol y, al levantar una madera, vio un avispero, al saltar del susto se le rompieron las mallas que llevaba. Julia era más o menos de su misma altura, morena, de pelo corto, más bien liso con alguna onda que se le formaba, de ojos verdes y siempre decía lo que pensaba, era muy clara.

Al final pudo traspasar el kiosco al local más grande y montar un locutorio, también vendía cosas de papelería y tenía un par de ordenadores para las personas que quisieran información, enviar algún correo o chatear. Empezaron a llegar clientes de todas partes y pronto hizo amistad con un chico de Rumania que se llamaba Jou.

Dieciséis días después de haberle practicado el legrado y estando Jou con ella en el locutorio, Allison notó un calor que le bajaba por las piernas; cuando agachó la mirada hacia el pantalón, vio que estaba de arriba abajo llena de sangre. Se asustaron mucho y se fueron al hospital de Denia, que era el que tenían más cercano, en la consulta del ginecólogo le preguntaron:

—¿Qué te ha pasado?
—Hace quince días me practicaron un legrado y ahora acabo de tener un derrame.

Los médicos la miraron y vieron que le habían

dejado restos dentro.

—Tenemos que volverte a intervenir, creemos que han quedado restos de placenta en el interior y es lo que te ha provocado el sangrado ¿Dónde te practicaron la intervención?
—En el otro hospital, cerca de Gandía.
—Menos mal que tu cuerpo ha reaccionado de esa manera, se podía haber generado una infección muy grave.
—¡Ay, madre, qué susto!

Tuvieron que practicarle un segundo legrado, se vio otra vez en el quirófano, por una negligencia médica o un error. Lo pasó verdaderamente mal, se le quedó mal cuerpo, estaba muy débil. A raíz de ese incidente tuvo siempre anemia y tenía que tomar suplementos. Otro trago fuerte por el que tuvo que pasar, menos mal que su cuerpo supo reaccionar y todo quedó en un susto.

El kiosco

Después de vivir todo aquello, Allison estaba contenta con su negocio, los días que iba al mercadillo tenía que hacer dieciséis horas diarias, era realmente duro y muy pesado, pero ella podía con todo lo que le echasen, era joven y los jóvenes están fuertes para lidiar con la vida.

Con el paso del tiempo también se hizo muy amiga de un chico marroquí que se llamaba Adil, que iba a llamar al locutorio para hablar con su familia de vez en cuando. Muchas veces se quedaba con ella y conversaban largo y tendido. Un día él le contó que muy pronto se quedaría en la calle y no tenía donde ir, sin comida, sin trabajo y sin techo, a ella le dio mucha pena, se le rompía el corazón que su amigo pudiera quedarse en la calle; entonces le propuso:

—¿Quieres quedarte a dormir aquí adentro de la tienda en un colchón?
—¿Harías eso por mí?
—Sí, pero, antes de que abramos al público, tienes que estar fuera y todo recogido.
—Vale, así será.

Y empezaron a hacerlo así, Allison le trajo mantas, le daba de comer, pero Adil le decía que pasaba mucho frío por las noches. Ella le dijo que intentaría hablar con sus padres para ver si los podía convencer de que se quedara a dormir en el sofá. Al llegar a casa se lo comentó, a su padre no le pareció del todo mal la idea porque tenía muy buen corazón, pero Susana no pensaba lo mismo. Ella era más reacia a todo aquello, pero al final entre los dos la pudieron convencer, con una condición, que, cuando encontrara trabajo, se buscaría otro lugar.

A la noche siguiente, cuando Allison cerró el locutorio, se fueron para casa y se lo presentó. Los padres de Allison lo acogieron como si fuera un hijo y así lo trataron, para ella se convirtió en un hermano.

Adil era muy moreno de piel al igual que su pelo y se notaba que tenía un gran corazón, era muy cariñoso; siempre los abrazaba con mucho amor y los besaba mucho. Poco a poco se fue integrando como uno más de la familia y Susana le hizo el favor de hablar con su jefe a ver si le daban un trabajo en el almacén que tenían. Gracias a Susana le consiguieron el trabajo, él les agradeció muchísimo, pero de momento siguió viviendo allí.

Un día, trabajando en el mercadillo de los viernes, recibió una llamada de una amiga del grupo de Kevin. Nunca olvidará ese día: veinticuatro de junio del 2005 cuando su amiga le dijo:

—Alejandro ha muerto.
—Pero, ¿qué dices? Es broma, ¿no?
—No, es verdad, aunque parezca difícil de creer.
—¿Qué me estás contando? No puede ser. ¿Qué

es lo que le ha pasado?

—No sé, él estaba en la feria de muestras haciendo unas prácticas de electricidad industrial, le hicieron entrar dentro de una caseta a ver un cuadro de luces, había un hueco de ascensor tapado con unos tablones de madera y el sitio estaba a oscuras...

—Madre mía.

—Encima, no había ninguna valla afuera, ni ningún cartel que indicara el peligro. De repente pisó una tabla, con tan mala suerte, que se cayó por el hueco del ascensor.

—¡Qué fuerte, madre mía!

—Cuando lo recogieron los sanitarios, aún estaba vivo, pero los médicos nada pudieron hacer, falleció a las pocas horas.

—¡Qué pena más grande!

—La verdad que sí, da mucha tristeza que no se haya podido hacer nada.

Al día siguiente quedaron todos los amigos del grupo y fueron a despedirlo, con una grandísima pena. Pensar que había sido un chico que no salía de fiesta, siempre estaba estudiando y justamente le tocó a él, con sólo veintitrés años, sin apenas haber vivido la vida, qué injusto le parecía todo. A la buena gente siempre le suele pasar lo peor y no debería ser así, aunque a la larga a todos les llega su hora.

Pudieron verle y despedirse, lo acompañaron hasta llegar al cementerio. Todos los amigos se fumaron el último cigarrillo en compañía de su tumba y se fueron. La vida siguió para todos, así son las cosas, pero nunca lo olvidarían.

El dúplex

Al mes siguiente Kevin y Allison se compraron un dúplex, sobre plano, en el pueblo donde vivía la madre de él. Todos los meses tenían que pagar quinientos euros para que fueran construyéndolo y con mucha ilusión iban pasando por delante cada semana para ir viendo los progresos.

Al quedarse Kevin sin trabajo, Allison tuvo que hacerse cargo de algún que otro pago, casi todo corría por su cuenta y lo cogía de lo que le habían ingresado por su accidente. Poco a poco, en un año, se pulieron todo su capital.

Kevin había trabajado siempre de soldador, primero con su padre y después en una empresa de un conocido de él. Ahí tuvo muy buenos compañeros de trabajo, tanto, que se hicieron buenos amigos. Cuando echaron a todos le dijeron:

—El día que podamos y montemos nosotros una empresa de soldadura, serás el primero al que llamaremos.
—Eso espero.

Cada cual siguió su camino y pasado un año lo llamaron estando con Allison en el locutorio.

—Hola Kevin, ¿qué tal?

—Hola, bien. Dime.

—Te llamaba porque por fin hemos montado la empresa de soldadura.

—¿Ahh, sí? Me alegro mucho.

—Y como te dijimos, hemos pensado en ti para trabajar en ella, por eso te llamamos, si te viene bien puedes empezar mañana.

—¡Claro que sí!

Magnífica alegría le dieron, al día siguiente empezó a trabajar, ya podían ir un poco más desahogados e ir pagando los preparativos de la boda.

Días después, fueron a la imprenta de Pedreguer y, después de mucho mirar, eligieron un tarjetón diferente a todos lo que habían visto. Era una cajita de cartón donde ponía la fecha de la boda y por la otra parte ponía los ingredientes para que el amor fuera duradero. Ellos lo quisieron hacer más original aún y compraron tela de tul, color violeta, para hacer unos saquitos con arroz, para colocarlos dentro de la caja, para que todos pudieran echarles al salir de la iglesia.

Otro día eligieron y pagaron las alianzas, fueron a mirar y dar un anticipo de quinientos euros para el viaje de novios, habían elegido un crucero por el Caribe, con camarote exterior y todos los gastos pagados.

De tarde en tarde se ponían a contar a toda la gente que iban a invitar, apuntándolos en un folio para no olvidar a nadie. Al final llegaron a contar, más o menos, cuatrocientos invitados.

Eligieron el sitio donde harían el convite, un lugar grande y bonito. La parte de arriba tenía capacidad para quinientos comensales y la de abajo, para unos trescientos. Los del restaurante les hicieron un plano de cómo colocar las mesas, ellos tenían que ubicar a los invitados en cada una de ellas y anotarlo.

De la música se encargaba Carlos, un tío de su ex, Oliver, que también estaba invitado, al igual que los abuelos, padres y tíos de él. Su ex no quiso asistir porque no podía ver cómo se casaba con otra persona. Carlos ponía la música con un ordenador (disco móvil), con sus bafles, luces y demás, les dijo:

—Ese día yo me encargo de la música.
—¡Muchas gracias!
—Ese será nuestro regalo de boda.
—Eso es mucho, no podemos aceptarlo.
—No hay nada más que hablar.
—Vale, lo dicho, gracias de nuevo.

Dos meses antes, abrieron una libreta a nombre de los dos, así los invitados podían ir haciendo su regalo en forma de dinero. Decidieron también repartir los tarjetones, a todos les parecían muy originales. Gracias a que Kevin ya estaba trabajando y que los invitados iban haciendo los ingresos, fueron pagando los adelantos de los preparativos.

Todo lo que ella ganaba se lo llevaban los gastos que tenían: gestoría cada tres meses, con el dichoso IVA, el alquiler del locutorio, la luz, el agua, el teléfono, las tarjetas de llamadas…

Había muchos gastos y apenas podía subsistir, pero Allison no quería tirar la toalla a la primera de cambio. Su abuelo querido, siempre le decía si algún día decidía montar un negocio, que esperara más de un año, porque hasta el año no sabías cómo iba, aunque Kevin día a día le decía:

—Cierra el locutorio.

—No.

—¿No ves que todo lo que ganas es para pagar gastos?

—Voy a esperar un poco más todavía, es pronto para saber si funciona o no.

Aunque manejaba mucho dinero, no tenía beneficio ya que tenía muchos gastos y parecía que trabajaba para todos menos para ella.

Los preparativos de la boda

Cada día que pasaba, iba quedando menos para la boda y estaban muy nerviosos, habían visto pasar los meses muy rápidamente y eso que, cuando pusieron la fecha, faltaba un año y medio.

Allison fue por su lado, con su madre, a elegir el vestido de novia, cuyo importe casi lo pagó íntegro su abuela paterna, Gloria.

Ella era una mujer de unos setenta años, de estatura normal y pelo muy fino. Tenía algunos quilos de más y vestía siempre con faldas largas y jerséis de lana. Hablaba poco y no era nada cariñosa, todo lo contrario que su abuelo materno.

Él hablaba mucho y demostraba muchísimo cariño por los suyos. Cada vez que iba a su casa a visitarlo, le contaba batallitas de la guerra, pero solía repetirse bastante, eso sí. Gracias a eso su familia lo recordaría siempre.

Tomás no era muy alto, tenía un poco de pelo por los lados de color gris, ojos marrones, usaba lentes y era delgado. Le solía decir:

—Ay, cómo os quiero, más que a los hijos.

—¿Y eso, cómo puede ser?

—A los nietos uno los quiere más que a los hijos, son hijos de tus hijos.

En varias ocasiones su abuelo le contó que,

haciendo la mili, llegó la guerra. Estuvo trece meses mirando al cielo esperando la muerte todos los días, fue muy duro.

Sólo tenían dos mantas que picaban mucho, una para ponerla abajo, sobre la tierra, y la otra con la que se tapaban. Un día, empezaron a bombardear y él se escondió dentro de una cueva que había cerca, pero una bomba impactó contra ella y debido a esto él se quedó sordo del oído izquierdo. Desde entonces tuvo que llevar audífono, le costó mucho dinero en aquella época. Vio morir a muchos de sus compañeros, la metralla impactaba en sus cuerpos y fallecían.

Era un hombre muy refranero y ella aprendió mucho de él, por lo cual estaba muy orgullosa, no había día en que no mencionara a su abuelo querido. Siempre que hablaba con la gente le venía algo a la mente de lo que él decía, lo tenía muy presente y ese sentimiento la acompañaría siempre. Él le decía:

—El abuelo es muy sabio.
—¿Por qué dices eso? ¿Es que acaso tú fuiste a la escuela cuando los demás no iban?
—No, pero la vida te enseña.

Le gustaba mucho leer, escribir, viajar, y siempre que viajaba con el IMSERSO, se lo apuntaba todo y al llegar se lo contaba a sus hijos y nietos.

Su mujer los dejó solos a los cuarenta y cuatro años,

no porque se fuera con otro, sino por fallecimiento. Era una mujer muy trabajadora, valiente y muy buena persona. Por aquel entonces ellos regentaban un hostal. Un día, en la siesta, mientras dormía al lado de su hija Susana, madre de Allison, ella escuchó un suspiro muy fuerte, había fallecido mientras dormían. Así, con catorce años, Susana se quedó al cargo de la casa y de los tres hombres: un hermano de diecinueve, otro de seis y su padre.

El abuelo nunca quiso casarse ni conocer a nadie, no quería que sus hijos tuvieran una madrastra que los pudiera reñir o pegar. Él cocinaba, limpiaba, planchaba, encima trabajaba en la obra y era barbero en sus ratos libres. Siempre iba impecable y los domingos solía ir a misa.
Una vez, un envidioso, le vio los zapatos tan brillantes que se los pisó, él cogió el bajo del pantalón del que le había pisado y se los limpió.

En otra ocasión, les contó lo que le había pasado un invierno, cuando se acercaba la feria del pueblo. Como cada año, traían atracciones para los niños, churros, paradas que vendían bromas.

Cada año en la feria, todos en el pueblo, estrenaban ropa nueva y abrigo. El abuelo siempre lo estrenaba antes de tiempo porque para esa época del año ya hacía frío. Un día cuando iba a misa, llegó a las puertas de la iglesia y se encontró con dos vecinos que de tanto frío que tenían les castañeaban los dientes y se guardaban las manos en las axilas para preservar algo el calor, cuando lo vieron acercarse le comentaron con asombro:

—Caray, parece que no tengas frío.

A lo que él les contestó:

—No, esto es para no tenerlo —refiriéndose al abrigo.

La despedida

A Coral y a Fran no les iba muy bien en su relación, más bien hacía aguas, sobre todo por parte de Coral.

Se iba acercando el día de la boda y se iban echando para atrás más y más invitados, de los cuatrocientos iniciales, fueron doscientas cuarenta nada más.
Les llamaron del restaurante para que vinieran a degustar el menú de la boda y fueron cada uno con sus respectivos padres. Eligieron nueve entrantes, de segundo plato solomillo y sorbete de melón. Como postre, tarta de San Marcos, de tres chocolates.

A falta de cuatro o cinco días, plazo límite para anular reservas, les fallaron dos tíos de la familia paterna de ella.

Antes de todo aquello, Julia, la amiga de toda la vida del colegio, empezó a quedar con ellos. Los fines de semana iba a su casa, donde vivían con Víctor. Jugaban a las cartas, a la diana, escuchaban música y de tanto juntarse, Julia y Víctor se hicieron pareja.

Meses antes de la boda, Julia quedó embarazada. Kevin y Ernesto iban a tener una hermanita.
La noche anterior de la boda el novio no podía ver a

la novia, él se quedó en Piles con su padre y ella en Pedreguer con los suyos, era tradición y decían que daba mala suerte, al igual que no pueden ver el vestido.

Dos semanas antes, hicieron la despedida de solteros por separado. Kevin se llevó en un mini bus a todos sus amigos y los amigos de Allison se fue en dos coches, en el suyo y en el de los padres de su amiga Alicia, ella era una chica alta, su pelo era largo, rubio y de ojos azules. Muy cariñosa y se parecía en muchas cosas a Allison, también era muy habladora. Sus padres, Gabi y Guillermo, también altos y rubios, su padre era bastante corpulento y su madre se conservaba muy bien, para la edad que tenía.

Allison llevaba su coche junto a Coral y Fran, que en el último momento decidió ir, ya que no llegó a tiempo para irse con los chicos y, como siempre, le tocó conducir a ella, aun siendo su despedida.

Fueron a una macrodiscoteca en la que no habían estado nunca, lo pasaron bien, pero no fue lo que ella había soñado, se quedó un poco decepcionada. Si hubieran hecho la despedida con los chicos seguramente se lo hubiese pasado mejor. Ellos fueron a una discoteca que estaba aún más lejos, bailaron, cenaron todos juntos en un restaurante de la misma discoteca. Cuando entraron, le preguntaron quién era el novio, lo sacaron a la pista, arriba del escenario, lo sentaron en una silla y salió una stripper. Víctor también fue con ellos, era el que cuidaba un poco de todos que no se desmadrasen demasiado, algunos pillaron una buena cogorza.

Al final de la noche se encontraron unos cuantos en casa de Allison y Kevin, justo hacía poco que les habían traído el sofá chaise longue negro y blanco, como ellos lo eligieron, de pana. Nada más lo recibieron se quedaron en casa, donde nadie jamás podría echarles, allí terminaron la fiesta, bebiendo, escuchando música y conversando. Unos ocho o nueve se quedaron tirados y dormidos en el sofá.

Daniela, la madre de Kevin, les pagó los muebles de la casa como regalo de boda, fueron un día a elegirlos cerquita de Pedreguer. El aparador del comedor les encantó porque lo vieron en un escaparate de una tienda de muebles y se enamoraron, era único. Tenía una puerta con un cristal grande y cuadrado con el borde negro de piel, que, si querías, tapabas la tele para que no se viese, al descubierto quedaban unos cajones y unos estantes. También incluía un mini bar de cristalera que, al abrirlo, se encendía una luz, era muy bonito y original, de color madera claro y wengué. También compraron una mesa de cristal con las patas de aluminio, que se ampliaban por un lateral y otro, con cuatro sillas de madera color pino claro con la tapicería de color marrón oscuro. La habitación de matrimonio tenía una cama baja, estilo japonés, no levantaba un palmo del suelo, con un colchón muy cómodo. Los muebles también eran de color pino claro con dos mesitas a conjunto, la parte de arriba llevaba un cristal negro, al igual que el cabezal, todo de cristal, a juego.

Daniela también le pagó el traje y los zapatos a su hijo, le hizo muy buenos regalos, pero Víctor tampoco se quedó corto. Él les regaló todos los electrodomésticos, los alógenos y la pintura de toda la casa, que costó más de mil quinientos euros.
La entrada la pintaron de color verde pistacho con estucado veneciano, el comedor de color crema con una de las paredes de otro color, donde iba la mesa de cristal, la pintaron color rojo cereza y la habitación de matrimonio de un color gris perla, la parte del cabezal de color violeta.

Dos meses antes de la boda fueron a clases de baile, para poder defender el vals de los novios, dieron un total de ocho clases.

La boda

Llegó el día de la boda, tenían muchos nervios porque querían que saliera todo bien y no surgiera ningún imprevisto. Allison se levantó, se duchó y se fue a Lliber, a su peluquera de siempre, a que le hiciera el peinado que semanas antes habían elegido. Su pelo era rubio mezclado con pelirrojo, un color muy bonito, se lo hizo bien rizado y le hizo un semirecogido suelto con alguna mecha recogida y suelta. Cuando terminó, se fue a casa de sus padres, comieron y por la tarde, pronto, Susana la ayudó a prepararse.

Eligió un vestido princesa con cuello de barco y muchos brillantes, en los hombros tenía tul, todo lo que era el cuerpo estaba adornado con pedrería, la falda era de raso brillante y al final del vestido tenía una puntilla de pedrería y una cola de dos metros con pedrería también en el centro de la cola y la espalda repleta de botones.

Los zapatos eran blancos en punta con un tacón de cinco centímetros, sin plataforma y en el centro había dos tiras de cuadraditos de perlas que se ataban con una hebilla en el tobillo.

Las joyas de la novia consistían en: una tiara de diamantes, no muy grande; unos pendientes con perlas al igual que una fina pulsera y una gargantilla en forma de pico, muy bonitos. La ropa interior en blanco con encaje, medias y liguero a juego.

Adil estaba con ellos celebrando y llevaba un traje negro con un suéter de color verde pistacho, que se lo había prestado Kevin para la boda.

Enfrente de casa de Susana y Jorge había una estetición que fue quien la depiló y la maquilló muy sencilla, como a ella le gustaba, porque no estaba muy acostumbrada a llevar maquillaje.

A partir de las seis de la tarde empezaron a llegar familiares y amigos, los fotógrafos y los que grabarían el vídeo. Dos meses antes, ellos junto con el fotógrafo, ya se habían hecho un reportaje de fotografías que compondrían el álbum del antes y del después de la boda. Por aquella época ella llevaba extensiones rizadas muy largas y se llevaron por lo menos tres conjuntos diferentes cada uno para cambiarse durante el reportaje. Lo hicieron en la playa de Jávea, una palya muy bonita, donde había una pasarela en un puente, se hicieron fotografías de diferentes posturas.

Conforme iba llegando la gente, Allison se iba emocionando y poniéndose nerviosa, se acercaba la hora, a partir de las siete bajaron la escalera y, cuando pisó la calle, todos aplaudieron. Su mejor amigo, Sergio, prendió fuego a la traca. Siguió camino a la iglesia, del brazo de su padre. Jorge llevaba un traje negro y su madre, Susana, llevaba un vestido de falda y corpiño de color amarillo oro, muy bonito, estaba guapísima. En todas las calles por donde pasaron había gente aplaudiendo y esperando para verla pasar. Al llegar a la plaza, delante de la iglesia, había una limusina blanca, cortesía del restaurante Canor, que había ido a recoger a Kevin y lo había dejado en la puerta de la iglesia.

Él estaba dentro esperando en el altar, se le notaba muy nervioso. Allison y Jorge recorrieron todo el pasillo, cubierto con una alfombra roja, hasta llegar a su altura. Los padrinos eran Jorge y Daniela, los dos estaban a los lados de los novios.

A las siete treinta empezó la ceremonia, estaban todos los familiares y amigos, también habían invitado a los vecinos, a los amigos de los padres, jefes y demás conocidos en aquel día tan especial. Menos mal que habían hecho las clases prematrimoniales o, si no, no los casaba el cura. Comulgaron, se dieron la paz, se pasaron las arras, como señal de los bienes que iban a compartir, seguidamente se pusieron la alianza en señal de su amor y fidelidad. Finalmente, se dieron el sí quiero. El sacerdote no dijo el clásico "puede besar a la novia" ya que ahora no se llevaba esa tradición, y se besaron para sellar su amor, aunque el cura no lo dijera.

Se hicieron fotos en el altar con la familia y amigos de ambos. Una vez acabada la ceremonia salieron como recién casados por aquella alfombra roja, juntos, de la mano.

En la misma puerta, les esperaban todos, los bombardearon con arroz, confeti y pétalos de rosas rojas. Tenían arroz hasta en los pensamientos, desde la cabeza hasta los pies.

Todos los felicitaron, les dieron la enhorabuena, después subieron a la limusina y pasaron por casa de Allison para recoger tres ramos que tenían que llevar al restaurante, y coger unas deportivas para ella por si se cansaba a lo largo de la noche de los zapatos de tacón.

Kevin iba con un traje de color marfil y con un chaleco bordado, camisa blanca, zapatos y cinturón a juego.

La limusina los llevó al restaurante, donde estaban todos esperando para prender un castillo de fuegos artificiales. Los camareros iban con bandejas de bebidas de todos los tipos, otros iban con los entrantes fríos, en el jardín había varias mesas donde camareros cortaban y servían jamón de bellota. Mientras la gente pasaba al salón y esperaba a que entraran los novios, el fotógrafo les hizo unas fotos por el recinto. Al entrar, de vuelta al salón, empezó a sonar una música muy romántica y todos se pusieron de pie para recibirlos, en el centro del salón les dieron dos copas que ellos alzaron y bebieron saludando a todos los comensales.

Hasta que ellos no entraron y se sentaron a la mesa nupcial, tampoco se sentaron los invitados. En ese momento sacaron los entrantes calientes, unos seis platos, todo transcurría como estaba planeado. El *maître* les iba diciendo en todo momento lo que tenían que hacer. Enfrente de su mesa, en el centro de la sala, había dos mesas muy largas donde estaban los amigos y el resto de invitados estaba en mesas redondas.

Los amigos casi no los dejaban comer, cada dos por tres estaban diciendo:

—¡Que se besen! ¡Que se besen!

Los novios se tenían que levantar y besarse, entonces empezaban a contar: uno, dos, tres, cuatro...

Después de los entrantes, sacaron un plato grande de gambas, a la plancha, para cada comensal, así evitaban que unos pudieran comer más que otros. Los amigos no les dejaban ni respiran y seguían:

—¡Que se besen!
—¡Que se besen los padrinos!

Así estuvieron toda la noche, también les pusieron un sorbete de melón muy digestivo.

Sacaron el solomillo, muy tierno, pero estaban ya tan llenos que casi no podían más. Después sacaron el postre y el *maître* les explicó que tenían que salir cuando sacaran la tarta nupcial.

Les pusieron una canción muy bonita, apagaron las luces y sacaron la tarta. Tenía muchos pisos, parecía un árbol. En la parte izquierda de la tarta estaba escrito el nombre de Kevin y en la parte derecha el de Allison. Les dieron una espada, que la cogieron entre los dos, y cortaron la tarta de arriba abajo. Allison tenía que coger los muñequitos de arriba de la tarta, que simulaban a ellos dos, y Kevin, espontáneamente, la cogió en brazos para que pudiera llegar mejor. Con los muñecos en la mano le dio tres o cuatro vueltas sin parar, Allison pensó que se le desmontaría la cola del vestido o se le caerían los zapatos al suelo, pero todo salió bien y volvieron a la mesa para degustar el postre.

Después de todo, se levantaron y alzaron las copas para pedir un brindis por las personas que aquel día no les acompañaban, pero se acordaban mucho de ellas. El abuelo de Allison, al que tanto quería y tanto le enseñó, y su amigo que falleció en aquel trágico accidente el año pasado, tal día como el que se casaron. Se emocionaron mucho al recordarlos.

Empezaron a repartir los detalles por las mesas y preguntaron a los comensales si les estaba gustando el banquete, a lo que contestaban:

—Muy bien, todo muy bueno, pero demasiada comida.

Eso es lo que ellos querían conseguir, que la gente quedara contenta y sobre todo que no pasaran hambre. A las mujeres les regalaron un abanico pintado a mano, de madera con dibujos de diferentes obras pictóticas y un minipaquete de tabaco con cinco cigarrillos. A los hombres, un puro y una minibotella de vino.

Allison pasó por las mesas con un ramo de flores al ritmo de la música y se lo entregó a una prima hermana, que era como la hermana que nunca había tenido y se llamaba Alexia.

Ella era rubia de pelo largo y rizado, de complexión

delgada, siempre iba con ropa bien ceñida y le gustaba vestir moderna, una fanática de ropa, bolsos y zapatos, los tenía a montones. Acto seguido volvió y cogió otro ramo, se dispuso a hacer lo mismo, caminando entre las mesas, pasando por detrás para disimular, hasta que llegó a donde estaba sentada Coral. Por último, el tercer ramo fue para Carmen, su amiga de Pedreguer.

Después de repartir los regalos y los ramos comenzó el baile con un vals inglés, que habían estado practicado. Dijeron que nadie saliese para que así les pudieran ver. Empezaron con los tres pasos típicos, bien rectos y cogidos, Allison se dejaba llevar y guiar por Kevin, él era mejor bailarín que ella, les salió perfecto y el final fue de película, le dio la vuelta y ella se dejó caer de espalda para que él la recogiera con la cabeza hacia atrás. Al levantarse todos les aplaudieron, incluso muchos se emocionaron, fue espectacular.

Empezaron a salir todos los que querían a bailar. Sobre las dos de la mañana salió el primer autobús, se quedó la gente más joven, sobre todo los amigos. Hasta las cuatro de la mañana no empezaron a beber alcohol, porque querían hacer las cosas bien y lo lograron.

Una de las canciones que a ella se le quedó grabada de aquel día fue la canción de Dani Martín, "zapatillas", lo recuerda muy bien porque en ese momento ya se había quitado los tacones y puesto las zapatillas deportivas para estar más cómoda y poder bailar. Otra canción, de la cual no recuerda cómo se llamaba el cantante, fue "voy a hacer un corral" y era un poco basta.

Más tarde pusieron música hardcore, como si estuvieran bailando en "La Central", una discoteca que está cerca de Murcia, donde ponen ese estilo de música. Hasta su suegra y sus amigas bailaron.

Sobre las cinco de la mañana terminaron con la bebida y pagaron la factura, dieciocho mil euros. Dicen que una boda es un negocio, aunque a ellos no les salió así. Querían quedar bien con todos y no podían coger un menú sencillo. Se gastaron más de lo que se podían permitir, la mariscada individual les encareció bastante el menú. Los padres de Kevin se hicieron cargo para que ellos pudieran irse de viaje.

Recogieron y salieron todos los que quedaban en el último autobús. Estaban muy contentos y felices, pero no empezaron su luna de miel ese día, con las horas que eran, era imposible, lo dejaron para el lunes siguiente por la mañana.

Estuvieron con unos cuantos amigos que quisieron continuar la fiesta con ellos y a media mañana se fueron, ellos tenían que descansar y hacer las maletas para el viaje.

Después de hacer maletas comieron algo y se acostaron. El lunes por la mañana se levantaron a la hora prevista para salir rumbo a la Habana.

El crucero

Estuvieron más de nueve horas de vuelo y, nada más llegar al aeropuerto de La Habana, les llevaron en un autobús hasta el barco, había muchos controles antes de embarcar. Tenían que presentar el pasaporte para demostrar que eran ellos y lo miraban bien mirado antes de ponerle el sello y dejarlos pasar.

Nada más salir hacia el barco, que era enorme, de color blanco con letras rojas y azules, de la compañía Pullmantur, notaron mucho calor, pero con humedad, una sensación pegajosa y parecía que hacía más calor de lo normal. Subieron y les recibieron los tripulantes del barco dándoles la bienvenida y deseándoles que tuvieran una buena estancia. Inmediatamente fueron a recepción, para que les entregaran las llaves y los acompañaran a la habitación. Descargaron las cosas y les cobraron sesenta euros por las propinas de todos, imagínense el dinero que cobran de todos los pasajeros, "¡qué fuerte!" Encima de todo lo que cuesta, te obligan a pagar eso, menos mal que estaba todo incluido e iban con la pulsera para que no les cobraran ni la comida ni la bebida. Pero las excursiones, los regalos, compras y demás corría a cargo de ellos.

Cuando terminaron de poner todo en su sitio,

salieron a conocer La Habana. Fueron con una pareja que acababan de conocer, cercana de donde vivían ellos. Allí, también conocieron a tres parejas más que eran de Barcelona.

Nada más salir del puerto, había unos coches de caballos que te enseñaban la ciudad por unos veinte pesos cubanos. Subieron los cuatro y recorrieron la ciudad durante las cuatro horas que duraba el trayecto. Iban parando para hacerse fotos en los monumentos y demás sitios de interés de la ciudad. Pararon en un bar a tomar un mojito donde estaban cantando "La cucaracha" como la conocían, la cantaron.

El guía les llevó por calles con mucha pobreza donde los niños pedían dinero a los turistas. Un grupo de niños se acercaron y les pidieron dinero, los anillos de casados y todo lo que se les ocurría. También los llevó por lugares bonitos. Del sol que hacía, que allí es mucho, se le quemaron los muslos y los hombros, hasta le salieron ampollas. Fueron por barrios conflictivos donde el guía les dijo que no se separaran de él, porque podían robarles. Más adelante se hicieron una foto con una anciana cubana con cejas y pelo blanco, con su puro habano en la boca.

A las cuatro horas volvieron a la misma plaza de palmeras, donde estaban los otros cocheros. Subieron al barco y se fueron a su camarote para ducharse y cambiarse de ropa antes de la cena. Cenarían en el restaurante con los mismos compañeros de viaje, en la misma mesa circular que les habían asignado. Todos eran mayores que ellos, pero hicieron amistad, cada uno era de un sitio distinto y la gran mayoría contaban que les gustaba mucho viajar y normalmente lo hacían todos los años.

—Jolines, pues sí que tenéis dinero ¿no?

—No, qué va, lo que solemos hacer es pedir un crédito para poder viajar y lo pagamos poco a poco, así disfrutamos y vemos mundo.

—Está muy bien pensado, es una manera de hacerlo y poder viajar.

Todas las noches cenaban en el restaurante y por las mañanas subían a la última planta, la once, donde estaba el buffet libre y comían todo lo que les apetecía. Aquello era impresionante, mesas de comida por todas partes de dulces, salado, churros con chocolate, fiambre, bollos, fruta variada, tostadas, beicon y un montón de cosas más.

En el crucero había un casino, una zona donde hacían espectáculos y aprovecharon la oportunidad para ver alguno. También había una piscina, tres jacuzzis, uno al lado del otro, y enfrente hamacas para tomar el sol. Había también un gimnasio con un spa, en la última planta, con el agua supercalentita. Recorrieron todos los rincones, no dejaron nada por ver, ni probar. Durante los preparativos y últimos días de la boda, Allison perdió tres kilos, el vestido se le caía, pero en los nueve días que estuvieron de viaje aumentó un par, de tanta comilona. Se hartaron de beber mojitos, qué buenos estaban.

Un día les dijeron que tenían que ir de gala, era la noche de presentación del Capitán. Todos se hicieron fotos con él y luego, había que pagarla. Casi todos la compraron, por no decir todos.
Ese día tuvieron que recurrir a una tienda del barco porque Kevin no tenía ropa de gala y se compró un pantalón beige y un polo azul marino de Tommy Hilfiger que le costó ciento veinte euros. Otra noche fue temática hawaiana, todos en plan floreados y playeros total. Se divirtieron porque pusieron música animada, todos se levantaron a bailar alrededor de las mesas, unos detrás de otros, hasta los camareros bailaban.

El primer y segundo día del crucero estuvieron en La Habana, el tercero en Playa del Carmen, México. Allí compraron detalles para sus familiares, amigos y para ellos mismos también. Ese día lo pasaron completamente en la playa, era de arena muy blanca y agua azul cristalina, con muchos peces. Les llevaron también a un parque acuático, donde había todo tipo de animales: iguanas, peces, delfines y otros animales exóticos.

Allí alquilaron un equipo de snorkel, a ella le encantó, pero a Kevin más. Allison tenía un poco de respeto, tenía miedo que pudiera haber algún tiburón o algo parecido.
Más tarde subieron, con unos flotadores muy grandes, hasta arriba de una montaña donde había

una especie de lago. Fueron bajando por cascadas y rampas, como había corrientes, llegaron al final muy rápido. Lo pasaron muy bien, todo era muy bonito, había mucha vegetación y todo era muy verde.

El cuarto día estuvieron navegando sin parar, ya que el próximo destino era Jamaica y quedaba relativamente lejos. Por la ventana del camarote exterior, veían cuando se acercaban a puerto.

El quinto día llegaron a su destino, nada más llegar en el puerto ya les estaba esperando un bus que les llevaría al mausoleo de Bob Marley. Antes hicieron una parada en una tienda donde vendían cosas típicas, para ir a los servicios y por si querían tomar algo.
Conducían por la parte izquierda y el conductor decía que lo primero que suelen cambiar del bus y de los coches, era el claxon, en cada curva iban haciendo uso de él, parecía que fueran a chocar a cada momento. Había mucha vegetación, unos campos muy grandes donde había niños jugando al fútbol con una especie de balón, similar a un balón desinflado. Iban descalzos, como si nada.

Por el camino veían las casas típicas, pequeñas, con su pedazo de tierra. La guía les contaba que había la costumbre de enterrar a los familiares en sus jardines, y cuando vendían las casas, las vendían con los muertos también.
Era normal ver a un hombre con una azada en la mano y siete u ocho mirándole como trabajaba.

Cuando pasaban los autobuses todos se quedaban mirando, riendo con el "cigarrillo" en la mano o en la boca y con la otra mano saludando con una sonrisa de lado a lado. No parecía que tuvieran muchos problemas, o eso aparentaban. El idioma, allí, era una mezcla de inglés con jamaicano y casi todos llevaban el mismo pelo con rastas.

Pasaron por delante de una mansión, que era de la viuda negra porque se le habían muerto varios maridos o por lo menos eso se comentaba. Se cruzaron también con unas prostitutas, una de ellas era bastante gordita, llevaba un jersey de rejillas blanco y por un lateral se le veían los pechos, muy grandes. Todos murmuraron y se reían por la extraña situación.

Por fin, después de más de dos horas, llegaron al mausoleo de Bob Marley. Allí vieron sus discos, la casa donde vivía y también donde estaba enterrado con su hermano, les obligaron a quitarse los zapatos, pero lo extraño era que si querían podían entrar "fumando".

Nada más llegar, vieron a muchos hombres con "porros", ya hechos, para venderlos a los turistas. Dentro había una ventanilla donde también vendían marihuana.
En una tienda de souvenirs, ellos compraron una toalla de Bob Marley, una faldita de color naranja claro con el nombre de Jamaica en letras mayúsculas en la parte trasera, llaveros, monederos y algún imán para la nevera.

Cuando llegaron todos, junto a la guía, les comentaron:

—Aquí el tiempo es muy inestable, a veces sin esperarlo se pone a llover.

Tal fue la casualidad, que nada más decirlo, se oscureció y cayó un chaparrón de cinco minutos, paró en seguida, y en ese momento volvió a lucir de nuevo aquel sol tan maravilloso.

Entonces entraron a ver la casa, cuando llegaron al cuarto el guía les dijo, en broma, que no se les ocurriera sentarse en la cama, que se quedarían embarazadas. Nada más salir, también les enseñó una piedra plana y grande pintada con la bandera de Jamaica donde Bob se ponía a cantar, tocar la guitarra y componer.

Volviendo para el bus, vieron que por debajo de la puerta principal se asomaban muchas manos con los dedos hacia arriba y lo que parecían uñas eran cigarros de marihuana, tantos, que no les cabían más, aquello les pareció muy exagerado.

Mientras subían al bus la guía les avisó que, quién hubiesen comprado "porros", los escondieran muy bien, ya que si los pillaban, los deportaban a su país inmediatamente. La verdad es que todos cogieron algo para probar, pensaron que era un crimen haber estado en Jamaica y no haber probado la marihuana de allí. Por el camino pararon en un bar a comer y después algunos estuvieron fumando, todos decían:

—Menuda diferencia.

Emprendieron el camino de vuelta y, al llegar al puerto, volvió a recordarles la guía que los guardasen muy bien. Fueron corriendo hasta el barco, pero justo antes de entrar había un control, todos se pusieron nerviosos y pensaron:

—¡Ay madre, que estos nos miran hasta en el último agujero!

Al final pasaron sin ninguna dificultad y quedaron en verse en el camarote de Kevin y Allison, para fumar un poco antes de irse a dormir.

Allí estuvieron charlando, conociéndose y fumando uno detrás de otro, olía tanto, que llamaron a la puerta. Kevin abrió, eran dos almirantes vestidos de blanco, les obligaron a sacar todo lo que les quedaba y se lo confiscaron, la cosa no pasó a mayores, menos mal. Después de todo aquello se dieron los contactos: e-mail, teléfono… y se fueron a dormir.

Por la mañana siguieron hacia las Islas Caimán, al ser un paraíso fiscal había muchos bancos y muchas joyerías. Kevin vio un corazón pequeño de brillantes con el cordón negro, como si fuera de lana, y quiso entrar a preguntar el precio, le dijeron que costaba tres cientos euros, era demasiado caro.

Compraron detalles, se hicieron fotos y más tarde cogieron una embarcación más pequeña, que los llevaba de nuevo al barco.

En una de las excursiones les llevaron cerca de un arrecife de coral, les dijeron que estaba prohibido cogerlos, porque están protegidos. Hicieron snorkel de nuevo, Kevin se retiraba bastante, pero Allison no quería perder de vista la embarcación.

El penúltimo día del crucero, les dejaron en una isla virgen de Cuba. Se quemaron varias veces por el sol, pero se pusieron muy morenos, tuvieron que ir a la farmacia y comprarse crema para que les aliviara la quemazón. Todo aquello era precioso, de película, la tripulación llevó neveras con comida y mesas, porque allí no había nada. En el centro de la isla había un lago con muchas palmeras, conforme avanzaban, se dieron cuenta que había unos grandes agujeros en la arena a lado y lado del camino. Con cada paso que daban iban saltando cangrejos pequeños, Allison estaba nerviosa por si les pellizcaban o les cortaban. Si saliese un cangrejo de los grandes, a ver qué hacían, ya que estaban descalzos y no podían correr. Por fin llegaron a una pasarela de madera, Allison se quedó en el principio y Kevin llegó hasta el final, no tenía ganas de caminar más, tenía miedo que le saliera algún cocodrilo o algo por el estilo, ya les habían avisado que antes de las cuatro tenían que volver, porque salían las alimañas. Comieron en el buffet, se bañaron, tomaron el sol y antes de la hora ya estaban de regreso.

El viaje finalizó en el puerto de partida, en La Habana, allí cogieron el avión de vuelta, pero antes se despidieron de todos los que habían ido conociendo. Al desembarcar, había una banda de músicos cantando la canción de Oscar Chávez "Adiós con el corazón", al escucharla a ella le entró la melancolía, había sido todo como un sueño y ya había llegado a su fin, se emocionó porque era muy sentimental, aunque sabía que este viaje viviría siempre en sus recuerdos.

Llegaron tarde a casa, después del duro viaje, y sin hacer nada más se fueron a descansar.

El embarazo

Al día siguiente pusieron todo en orden y empezaron su vida de recién casados, ella seguía trabajando en el locutorio y en el mercadillo, pero no podía con todo, por eso a veces tenía que contratar a Adil, que vivía aún en casa de sus padres, ya era como un hermano. Así podía sobrellevar todas las cosas y descansar un poco. Aparte de trabajar, se encargaba de la casa y de los pagos, médicos y una larga lista de tareas pendientes.

Su amigo Jou, de Rumania, cliente del locutorio, vivía en la misma calle que los padres de Allison, justo en la finca de arriba. Un día llegó con su primo Dimitri, que venía de Italia, a probar suerte porque las cosas no le habían ido bien allí. Se hicieron buenos amigos, hasta el punto que les alquilaron el piso que habían comprado hacía un año. Vivía con su primo, pero las cosas tampoco le fueron bien, se quedó sin trabajo y pronto tuvieron que abandonar el piso, Dimitri entonces, les pidió ayuda. En verdad no tenían muchas ganas de meter a nadie a vivir con ellos, y más siendo recién casados, pero al final le dijeron que sí. Allí vivió un año hasta que por fin Allison le encontró trabajo, gracias a los padres de Oliver, su ex, que había dejado el trabajo en la obra y se había ido a trabajar en el ayuntamiento de un pueblo cercano.
Fue gracias a ella que consiguió el trabajo, a partir

de entonces se fue a vivir a un piso de alquiler que tenían los abuelos de Oliver.

Un sábado, estando en el mercadillo, uno de los amigos que vendían fruta y verdura, le propuso trabajar con ellos. Cobraría novecientos euros al mes y cotizaría también en la seguridad social.
A Allison le interesaba porque ya no tendría que gastar tanto en gasolina, ganaría más dinero y estaría asegurada. Sintiéndolo mucho, se tuvo que despedir de Lina, la madre de Oliver. Empezó a trabajar con ellos, llevaba sola una tienda y así estuvo ocho meses.

Al año de estar casados y después de mucho pensar, tomaron la decisión de intentar tener su primer hijo. Tenían relaciones prácticamente todos los días, esperando el momento, a Allison le bajó la menstruación y se entristecieron mucho, pensaron que no les costaría nada. Decidieron cambiar de posturas y por fin al siguiente mes ya tenía el retraso, muy ilusionados fueron a comprar el test de embarazo. Corrieron hacia la casa donde se hizo la prueba, ¡dio positivo! Se besaron y abrazaron, estaban muy contentos por la tan esperada y deseada noticia. Enseguida les dieron la buena nueva a los familiares y amigos, los cuales les dieron la enhorabuena y se alegraron mucho por ellos.

Allison empezó a encontrarse mal cada día, muchos dolores de cabeza y el estómago revuelto, pero sin poder vomitar. Cuando iba a trabajar por las mañanas, lo pasaba muy mal. Estaba en la tienda y cuando no había clientes, se tumbaba en un cuarto que había en el fondo, chiquito donde apenas cabía. Se tiraba en el suelo encima de unas bolsas industriales de basura, para no estar directamente en el suelo ya que no había nada más. No tenía más remedio, era la única manera que se le pasaba un poco y así aguantaba la jornada.

Una vecina de enfrente, la cuidaba muy bien y todos los días le traía su café con leche bien calentito, era un amor de mujer. La gente de aquel pueblo era realmente encantadora, muy familiares, y eso a ella le parecía muy especial porque era así, cercana.

Había clientas que todos los días pasaban y le pedían hojas de lechugas para los animales y ella las guardaba en bolsas. Cuando pasaban por el puesto se las llevaban, los dueños solían tirarlas y por eso no había ningún problema. Había otra clienta que siempre quería lo más feo, para que se lo dejase más barato, le venía bien porque, si no, se ponía malo y se desperdiciaba.

Cada día tenía que hacer el pedido para el día siguiente, cambiar los precios, reponer, quitar las mermas, pesar el producto para contabilizar las pérdidas y las ganancias, todo bien anotado, para llevar todo al día. Contaba bien, pero era mucha responsabilidad y trabajo, se le hinchaba mucho la rodilla de tantas horas de pie. Cuando llegaba a casa aún tenía que ponerse a hacer la cena, cuando Kevin terminaba de trabajar, a las dos, la esperaba sentado en el sofá sin hacer nada. No pensaba para nada en ella, muy pocas veces hacía él la cena.

Como le dolía mucho la pierna, estaba muy cansada y tenía que continuar sin poder sentarse se ponía de mal humor y no paraba de quejarse, pero con razón, lo pagaba con él y siempre terminaban discutiendo. Menos mal que a Kevin se le pasaba pronto el enfado y enseguida iba a darle unos besos, le podía durar varios días, de no ser porque a él se le pasaba en cinco minutos y daba su brazo a torcer.

Antes de que se le terminara el contrato de seis meses, al ir al baño, vio que había manchado de sangre, no le parecía normal estando embarazada, se preocupó mucho. El médico le dio la baja, ya que tenía riesgo de perder al bebé, por lo que tenía que hacer reposo. Ella no quería perjudicar a los dueños del negocio, por lo que acabó los días que le faltaban de contrato y ya no volvió más.

Cada mes iba a la ginecóloga, de pago, para que le hiciera las ecografías pertinentes y hacer un seguimiento del embarazo, al segundo mes la ginecóloga le dijo:

—Madre mía, qué grande es.
A ella esto le asustaba mucho, con lo pequeña que era, a ver cómo iría todo.
—¿Quieres saber si es niño o niña?
—Sí, claro.
—Con un noventa por ciento de seguridad, es una niña. Se ve claramente, además, ya está

encarada para salir.

—¡¡Ay, qué bien!!

Qué contenta, no podía evitar la ilusión que sentía en aquel momento, era lo que los dos querían y deseaban. Su cara irradiaba felicidad, no podía disimularlo, era como un libro abierto, tan sólo con mirarla ya sabían lo que estaba pensando. Era una persona que, cuando le pasaba algo para bien o para mal, se le notaba, era transparente.

Su amiga Coral la acompañaba siempre al médico. Al principio del embarazo lo llevaba muy bien, ganaba un kilo por mes, pero a partir del quinto, no se le notaba mucho. La gente, cuando la veía le preguntaba, ¿dónde está la criatura? Otros le decían:

—¿Te has tragado una aceituna? —ya que no veían la barriga crecer.

Cuando supo que era una niña no tardó en llamar a Kevin para darle la noticia, él se alegró muchísimo, en aquel momento estaba trabajando, por eso no la había acompañado.

Aún le correspondían tres revisiones en la seguridad social, pero no había ni punto de comparación de unas ecografías a otras.

A partir del cuarto mes empezó a notar a la niña. Parecía que tenía una mariposa, revoloteaba de un lado a otro, qué sensación más bonita, pero qué embarazo más difícil, el estómago revuelto y dolores de cabeza a diario.

Kevin se iba a trabajar todos los días y ella, cuando se levantaba se ponía a hacer la cama, fregar los platos y a hacer la comida o si tenía ropa que lavar o planchar. Cada día se organizaba para hacer cosas diferentes: limpiar el comedor, los baños, la parte de arriba… El día que no tenía ropa para organizar hacía eso, pero el día que ponía la lavadora y tendía, ya tenía bastante trabajo. Era la encargada, también, de ir a la compra, al banco, pagar facturas, farmacias, médicos y demás.

Con el paso de los meses, el embarazo y las hormonas la tenían bastante cambiada, estaba mucho más cariñosa con Kevin, hacía las cosas sin rechistar, tenían sexo cuando querían, pero a veces Kevin iba despacio por si le hacía daño a la bebé. Siempre estaba de buen humor, menos cuando se sentía mal, sobre todo por las mañanas y tenía que tumbarse en el sofá para que se le pasara un poco, si no tenía la cabeza apoyada, lo pasaba peor. Cada dos por tres Kevin cogía la cámara de fotos y fotografiaba la barriga, para ir viendo su evolución.
Pasados seis meses, recibió una carta del tribunal médico preguntando por qué seguía de baja. Por miedo, antes de ir al tribunal, fue al médico de cabecera. Este se asustó tanto que le dio el alta inmediatamente, estando embarazada de cinco meses. Sabía perfectamente que con esa barriga no podía ir a trabajar a ningún sitio. Desde ese momento, no cobró más bajas y tampoco las cobraría cuando tuviera la niña, sin derecho a nada

por culpa de aquel médico.

A los siete meses empezó a tener ardores, decía la gente que, porque la niña venía con pelo, era todo un bulo. En realidad, es porque todo se mueve de sitio y tiene menos espacio en el estómago, entonces dan ardores cada vez que comes algo.

El cumpleaños de Allison

El veinticinco de marzo, cumpleaños de Allison, hizo una paella, junto a unos cuantos amigos, en un campo de la familia de Kevin en Gandía, para celebrarlo todos juntos.

Hacía un día buenísimo, bien soleado y con mucho calor. Por esas fechas ya le pesaba y tenía muchos dolores de barriga, al tener ardores le desaparecieron las náuseas y los dolores de cabeza, pero ahora tenía otras molestias.

Lo pasaron muy bien, a media tarde notó de golpe, cómo se le ponía la barriga dura, era su primera contracción. Pensó que era pronto para que empezaran las contracciones, se preocupó. Antes de anochecer, recogieron todo y se despidieron. Todos la felicitaron, ya tenía veintinueve años. Se fue a casa a descansar porque estaba molida, le dolía mucho la espalda, a esas alturas el embarazo se le hacía cuesta arriba, cada vez pesaba más y era más duro.

Dos semanas antes había ido al servicio y había visto que al limpiarse había como un tapón de flujo abundante, dicen que es la señal de que el bebé está cerca. Era muy pronto aún y no le había dado mucha importancia.

Cuando Kevin no trabajaba, salían con amigos, de picnic, a pasar el día en el campo, otras veces hacían la visita a los amigos e iban a la playa, puesto que empezaba a hacer buen tiempo para tomar sol, incluso para bañarse.

El día de la playa, el veintisiete de abril, estuvieron con Coral recogiendo tellinas que les encantaban. Las recogían a tres palmos de agua de distancia de la orilla escarbando en la arena, pero costaba mucho para poder recoger dos puñaditos. Lo pasaron muy bien, pero Allison se puso colorada como una gamba, le dio bastante el sol.

La llegada de Claudia

El veintinueve de abril del 2008, a las seis y media de la mañana, Kevin se levantó y fue como cada día a trabajar. Ese día estaba a media hora de casa, ya que había comentado en el trabajo que como faltaba poco para el nacimiento de su hija, le pusieran cerca, por si se adelantaba el parto y tenía que salir corriendo hacia el hospital.

Justo a las siete de la mañana Allison se despertó mojada, le pareció muy raro. Al momento se dio cuenta de que algo pasaba y que la niña se había adelantado, fue corriendo al baño. Se sentó en el inodoro y así estuvo un buen rato sin moverse, llamó a su marido y le dijo:

–Kevin, creo que me he puesto de parto.
–Qué dices, no puede ser, es muy pronto.
–Ya lo sé, pero estas cosas no se planean.
–Tranquila, voy corriendo a llamar a mi madre para que venga y pueda ayudarte en lo que necesites.
–Aquí espero, pero no tardes por favor.
–No tardo nada, voy para allí.

Al colgar le entró su primera contracción, después de aquello pasó del inodoro al bidet para limpiarse y no ir sucia al hospital. Pero a cada contracción se repetía la operación, no sé cuántas veces se limpió hasta que al final lo dio por inútil porque a cada contracción le entraban ganas de nuevo.

Llegó su suegra, unos minutos antes que Kevin, y Allison se fue para la habitación a cambiarse como pudo. Una camiseta ancha y unas mallas azules para sujetarle la barriga. Ya la tenía muy baja, iba andando como podía. Al llegar Kevin se fueron al hospital.

Esperó, como le dijo la matrona, las mujeres primerizas tenían que esperar y controlar las contracciones cada cinco minutos, pero ella llegó a los ocho minutos y no pudo esperar más. Al llegar al hospital le dijeron:

—Madre mía, ¿cómo has esperado tanto?
—Me lo dijo la matrona, las primerizas tenían que esperar más.
—Pero ya estás de ocho centímetros dilatada.
—Madre mía, no tenía ni idea.

No le hizo falta nada, ni correas, ni goteros, ni medicación para dilatar ni nada. Directa al paritorio. Kevin entró con ella y estuvo a su lado acompañándola, cada vez que tenía una contracción la comadrona decía:

—¡Empuja! ¡Haz toda la fuerza que puedas!
—No puedo, no puedo.
—No hables, que pierdes la fuerza por la boca.
—No puedo más.
—Aprovecha cuando te venga la contracción.
Le repetían lo mismo una y otra vez, hasta que vieron que no podía por sus medios y la tuvieron

que cortar, para que pudiera salir.

Claudia llegó al mundo a las diez y treinta y cinco de la mañana. Nada más nacer se la pusieron encima, fueron segundos, se la quitaron enseguida.

El parto fue de tres horas y media, bastante rápido, desde que rompió aguas hasta la llegada de Claudia, pero la matrona estuvo una hora y media para coserle. Cuando ya llevaba un buen rato la matrona, Allison le preguntó:

—Tendrás ganas de terminar, ¿no?
—Pues sí.
—¿Falta mucho?
—Ya queda poquito.

Ella sabía perfectamente porque le hablaba así, su madre le contó que, cuando la tuvo a ella, le hicieron una carnicería, tenía la piel muy delicada. Allison pesó 4,150 kg, de color rosadita y, cuando su padre la vio, les dijo a las enfermeras:

—¿Eso es mío? Parece un cerdito, sólo le falta el rabo —se rieron.

Tardaron muchísimo en coserla y, cuando ya llevaba bastante, preguntó Susana:
—¿Aún no termina?
—Más ganas tengo yo de terminar que usted.
La pobre ya desesperada, al final tuvieron que coger la piel de muy adentro, le hicieron un reborde de piel que la dejó muy escocida. Después de aquello

tuvo que ir a un médico, pagando, porque no se iba el dolor y cuando la hizo pasar y se lo vio dijo:

—Con razón te quejas, niña.
—¿Por qué?
—Porque te ha crecido un trozo de piel y lo tienes en carne viva.
—Madre mía, ¿y ahora qué?
—Ahora tendrás que venir una vez cada quince días hasta que lo tengas curado.

Allison sabía lo que había pasado Susana, su madre, por eso le habló de aquella forma a la matrona. A Claudia se la llevaron las enfermeras para limpiarla, pesarla, medirla... Dejaron que Kevin las acompañase, cosa que no suelen hacer con los demás padres, y él aprovechó los primeros minutos de vida con su hija para hacerle unas cuantas fotos.
Pesó dos kilos novecientos y midió cuarenta y ocho centímetros, y eso que nació sietemesina por dos días. Su nacimiento, según los médicos, estaba previsto para finales de mayo y nació el veintinueve de abril.

Como Allison era pequeñita, no tenía mucho espacio y tuvo que nacer antes. Cuando la tenía en su vientre, le daba patadas, sobretodo por la noche, unos golpes en las costillas, que la dejaban sin respiración. Ella pensaba en voz alta:

—Jolines, hija, ¿me vas a salir futbolista o qué? —se reía sola.

Cuando terminaron de coserla, la llevaron a la habitación, donde estaban sus padres y Kevin. Seguidamente trajeron a la pequeña Claudia. La alegría era inmensa, era lo más bonito que les había ocurrido en su vida, si no lo vives no lo puedes entender. Todos estaban contentos y eufóricos, pero a la vez Allison estaba dolorida, era normal.

Kevin avisó a familia y amigos de la buena nueva porque Allison no se encontraba para llamar. Se quedó planchada, sin barriga nada más dar a luz.

Enseguida la hicieron caminar y le preguntaron si quería darle el pecho a la niña, ella dijo que sí. Quería ver si la niña cogía el pecho, gracias a Dios, todo fue bien. La niña estaba en una minicuna de plástico con sus ranitas (pantalón con pie y todo), su jersey de algodón, como si fuera pijamita, es lo que suelen comprar para los recién nacidos. Allison cogió a Claudia con mucho cuidado, sujetándole la cabecita, y se la puso para intentar darle de comer, lo consiguió, se cogió bien.

A cada toma tenía que ir cambiándola de pecho y apuntando en una libreta, que le dio la matrona, para así no olvidar ni la toma ni el pecho que había dado. Le dolían mucho los pechos, para que no se le agrietaran tenía que ponerse una crema.

Al día siguiente se llevaron a la niña para asearla, pesarla y demás. Cuando llegó la enfermera a la habitación, nada más abrir la puerta, con la niña aún en los brazos, le preguntó:

—¿Esto qué es? ¿Cómo le pones este nombre a

la niña?

—¿Cómo?

—Qué si no había más nombres para ponerle.

—Le hemos puesto el que nos gustaba a su padre y a mí.

Se calló, dejó a la niña y salió por la puerta. Se quedaron perplejos, les pareció fuera de lugar, no entendían cómo la gente se podía meter tanto en las cosas de los demás.

Allison no había pasado muy buena noche y apenas había podido dormir porque la niña tenía hambre cada tres horas. Kevin durante el día se dedicó a dar de alta a la niña y a arreglar todo el papeleo necesario que se hace cuando nace un bebé.

Fueron familiares y amigos a ver a la pequeña Claudia y de paso darles la enhorabuena, pero no mucha gente.

Al segundo día les dieron el alta y cuando salía, con su niña en brazos, todas las otras mujeres la iban mirando porque no tenía barriga, y ellas sí. Tenía una compañera en la habitación y al no ver niños le preguntó:

—Y a ti, ¿cuándo te toca?

—Yo ya lo he tenido, ha sido por cesárea.

—Ay, perdón, no lo sabía. (Allison pensó tierra trágame, había metido la pata hasta el fondo, que vergüenza).

—Tranquila, no pasa nada.

—¿Te quedas más días?

—Sí, me tocan un par de días más.

—Bien, lo que toque, nosotros nos vamos ya.
—Muy bien, adiós.
—Adiós, que vaya todo muy bien.

Los padres de Allison habían comprado un cochecito de bebé, grupo cero para recién nacidos. Kevin estuvo un buen rato estudiando cómo iba para que la bebé fuera bien sujeta. La pusieron delante, mirando hacia el asiento, por precaución.

La madre de Kevin les había comprado el cuco, donde dormiría un tiempo, para no subir y bajar escaleras, era más cómodo así.

La vuelta a casa

Empezaron las visitas: familiares, vecinos y amigos, para traerle regalitos a la recién nacida. Casi todo era ropa.

La niña no hacía otra cosa que comer y dormir. Era muy buena, lo único, que tenía hambre cada dos horas o incluso más a menudo. De día bien, pero por la noche estaba agotada, no la dejaba dormir. Allison dormía en el sofá, al lado de Claudia, que dormía en su cuco, así no molestaban a Kevin que tenía que trabajar y dormía arriba, en el dormitorio.

A los ocho días la llevó al pediatra, tenía que hacerle la prueba del talón. Todo salió perfecto e iba aumentando de peso poco a poco.

Cuando Claudia ya tenía un mes y medio, Allison empezó a buscar trabajo de nuevo. La contrataron en una tienda en la playa de Oliva, donde vendía de todo un poco y se encargaba de atender a los clientes y llevar la tienda.

Allison aún estaba reponiéndose del parto, todavía no se encontraba muy bien y lo pasaba muy mal, pero por necesidades económicas no tuvo más remedio que ponerse a trabajar y dejar a la bebé con Jorge, su padre.

Cada semana cambiaban el turno, unos iban de

mañana y otros de noche. Había veces que se le hacían más de las once de la noche. Cuando llevaba tres o cuatro horas fuera de casa, sin poder darle el pecho a Claudia, se le hinchaban mucho y le dolían bastante. Hasta que no llegaba a casa no podía darle de comer, le dejaba varios biberones preparados para que se los diera su padre, mientras ella estaba fuera. Entre unas cosas y otras terminaba agotada.

Por lo que su amiga Coral le regaló un sacaleches y, además, setenta euros, les hizo un buen regalo.

Su padre tuvo que vivir con ellos una temporada, ya que los dos trabajaban.

Allison tenía muchos dolores, los puntos le molestaban y aún tenía muy hinchada la zona. También los pechos se le llenaban de leche porque pasaba muchas horas fuera de casa, lo estaba pasando realmente mal. Tenía que trabajar fuera, encargarse de su casa y de su hija, era mucha carga para ella. Muchas veces chocaba y discutía con Kevin, él sólo trabajaba fuera y no colaboraba. De vez en cuando limpiaba el polvo del comedor, alguna vez tendía la ropa y la bajaba de la terraza comunitaria. Cocinaba, muy de tanto en tanto, alguna tortilla de patatas y alguna coca o pizza, pero poco más. Ella le pedía ayuda, pero no había manera de que cambiaran las cosas. Se estaba hartando, era un día sí y el otro también, un año tras otro.

Cuando ella se enfadaba de verdad y discutían

fuerte, él intentaba cambiar para estar bien con ella, pero le duraba dos días, después todo volvía a ser como antes.

Un día Allison coincidió en el ascensor con un vecino que vivía en el dúplex arriba del suyo, Fernando, casado y con una niña de tres años con el pelo superrizadito, muy graciosa. Su mujer era más alta que él, le sacaba una cabeza, de pelo castaño claro y delgada. Siempre hablaban de cómo les iba. Él la veía demasiado ocupada y ajetreada, ese día le comentó que, en su trabajo, había una chica rumana que se estaba jugando el puesto porque se quejaba de cuando hacía más horas de lo normal, y le dijo a Allison:

—¿Por qué no vas a preguntar?
—Gracias por decímelo, sí, les preguntaré y a ver si tengo suerte y me contratan.
—Ve, pregunta y a ver si te hacen la entrevista.
—Sí, por intentarlo que no quede.
—Ya me cuentas, que tengas suerte.
—Muchas gracias.

Al día siguiente por la tarde, se pasó por el tanatorio. En ese momento, solo estaba la mujer del gerente, ella le dijo que fuera a Oliva, a la oficina, que allí lo encontraría. Así fue cómo conoció a Alberto, tendría unos cincuenta años, muy simpático y dicharachero, parecía muy buena gente. Sabía que iba recomendada por Fernando, así que empezó a explicarle en qué consistía el trabajo:

—Tienes que encargarte de la limpieza y de la recepción alguna noche.

—¿Cuantas horas tengo que hacer?

—Dos horas de limpieza hasta que termines, dependiendo de las salas que haya, si hay dos diferentes, terminarás antes y, si hay cinco, un poco más tarde.

—Entendido.

—Pero tranquila que no se quedan todas las noches. Y se te pagará todos los meses lo mismo.

—De acuerdo —ella aceptó y preguntó —. ¿Pero yo tengo que ver algo?

Se refería a algún muerto, porque como ella tenía que limpiar y estar en recepción toda la noche cuando le tocase, por eso preguntaba, él contestó:

—Ahí ves de todo.

—Pues nada, probaré a ver.

—Perfecto, empiezas mañana.

—De acuerdo, hasta mañana.

Allison habló con el jefe de la tienda de la playa para informarle que había encontrado algo mejor y que se iba, pero le daba las gracias por la oportunidad que le había dado. Arreglaron todo el papeleo y se despidió de sus compañeros. Después se fue a comprar algo de ropa para su nuevo trabajo: un pantalón negro de pinzas y un jersey negro, con las mangas y el cuello de camisa en blanco con unos puntos en negro para cuando tuviera que estar en recepción.

Un trabajo de muerte

Todo esto pasó el trece de agosto de 2008, cuando empezó a trabajar en el tanatorio. Llegó antes de las cinco de la tarde, que es cuando empezaba en horario de verano, y casi no pudo aparcar de la gente que había en el parking y también fuera, mucha gente de etnia gitana, le asombró a Allison. Cuando llegó Alberto le comentó.

—Niña, no te asustes, que esto no pasa todos los días.

—Ay, madre, menos mal.

—Ha coincidido con tu primer día, pero no te preocupes, son buena gente.

—Muy bien, no pasa nada.

Ese día se le hizo bastante tarde, tuvo que hacer todo el tanatorio, pero los días siguientes la cosa se normalizó. Cuando le tocaba hacer noches, se le hacían muy largas, apenas veía a gente, ni hablaba con nadie. Si Alberto la llamaba para trabajar de noche, a Kevin se le hacía un mundo. Estaba acostumbrado a dormir con ella desde que se conocieron, y si se quedaba solo, ponía un cojín a su lado para simular que seguía a su lado, así lo hacía las noches que tenía que trabajar.

Claudia iba creciendo y regalándoles buenos momentos, sonrisas y alegrías, ella babeaba mucho y parecía que querían salirle los dientes, todo se lo llevaba a la boca y no paraban de sacarle todo lo que cogía. A los dos meses Allison ya no pudo darle más pecho, no porque no le quedara leche, sino por el trabajo, además no descansaba y aquello no podía continuar así. A partir de entonces le empezó a dar el biberón. Ese día la acostó en su cunita y durmió toda la noche del tirón, doce horas. Menudo cambio y respiro, por fin podía dormir, aunque siempre estaba pendiente de ella.

Un día fueron de paseo la familia al completo, iba Claudia en el asiento del copiloto y conducía Kevin, Allison iba detrás. Al ver a Claudia tan quietecita que no decía nada le preguntó a Kevin:

　　—Cariño, ¿la niña respira bien?
　　—¡Jolines, que dices!
　　—Es que no oigo que respire.
　　—No digas tonterías, por favor.

Preocupado, la movió para ver que estaba bien, ¡menos mal! Estaba tan quietita que Allison se asustó, todo quedó en un susto.

Allison trabajaba de lunes a domingo y solo libraba un fin de semana al mes. Entonces aprovechaban para hacer cosas, salir y quedar con amigos.

A Claudia la llevaban a las revisiones cada mes, la pesaban e iba aumentando un kilo por mes, iba muy bien. A los cuatro meses ya empezaron a darle papilla. Allison la hacía de puchero, se lo trituraban todo para que ella se lo comiera en puré. Por las tardes le hacía papilla de fruta y por la noche le daba potito de pescado. A los ocho meses la apuntaron a la guardería, era una niña bastante espabilada, buena y apenas lloraba. Cuando se quejaba, le ponían el chupete y enseguida se callaba, la verdad, muy bien. Había tenido suerte con ella.

A los once meses, Jorge volvió a Pedreguer. Ellos se organizaban bien, además Claudia ya era más grandecita y les ayudaba Sandra, prima hermana de su suegra. Era una mujer de pelo castaño con mechas rubias medio ondulado, estaba casada y tenía dos hijas. A Allison no le gustaba molestar, pero no le quedaba otra porque el horario de trabajo no se lo permitía. Allison se encargaba de la niña todo lo que podía cuando no trabajaba, por las tardes hasta que terminaba de trabajar no se podía hacer cargo y era cuando necesitaba su ayuda.

Kevin trabajaba en el almacén de naranjas con su madre y se iba con ella todos los días, así aprovechaban el mismo vehículo. Hacían turnos por semanas, una de mañana y otra de tarde. Cuando trabajaba de mañana, bien, porque él podía encargarse de recoger a Claudia por la tarde y no molestar a la tía Sandra.

Primer cumpleaños de Claudia

Llegó el primer cumpleaños de Claudia, lo celebraron en su casa, e invitaron a toda la familia y amigos. Pusieron dos cocas, una de tomate y otra de guisantes con cebolla a taquitos, tres tortillas de patatas, dieciocho huevos cocidos, gusanitos, papas, aceitunas, frutas, fiambre, sándwiches con Nocilla, sobrasada, paté y jamón y queso. El pastel de chocolate lo hizo la suegra y Kevin lo decoró porque se le daba bien. A las nueve se fueron todos, ellos se quedaron limpiando hasta terminar con todo, menuda faena, pero lo tenían que hacer para darle una fiesta a la niña.

Aquel cumpleaños fue espectacular, le regalaron ropa y muchos juguetes, no tuvieron que comprarle ropa en toda la primavera y verano.

A los trece meses empezó a dar sus primeros pasos, ¡qué ilusión y alegría más grande tuvieron! En una parte de la habitación se puso Allison y en la otra Kevin. Claudia iba pasito a pasito de donde estaba su madre hasta donde estaba su padre sin caerse. Por fin Allison se quitaba un gran peso de encima, ya que no tendría que cargar con ella todo el tiempo, también coincidió esa época que le salieron sus dos primeros dientes.

A Allison le seguía doliendo muchísimo la espalda,

un día decidió ir a su médico de cabecera y le explicó lo que le pasaba, este le puso como preferente para realizarle unas pruebas. En dos semanas la llamaron para hacerse una placa, y sobre el mes, para una resonancia magnética. Una vez hechas las pruebas, la llamaron para darle los resultados. Fue sola, nadie la acompañó ese día.

–Hola, buenos días, siéntese, por favor.

–Buenos días.

–Siento comunicarle que las pruebas no han salido muy bien.

–¿Qué me pasa? –preguntó Allison asustada.

–Tienes una vértebra desplazada en la parte arriba del sacro lumbar, justo en el coxis.

–¿Y ahora qué hago?

–Esto solo se puede solucionar operando la vértebra desplazada para colocarla en su sitio.

–Madre mía, lo que me faltaba.

–La llamarán del hospital donde llevarán su caso.

–¿Qué?, ¿no me operan aquí?

–No, este hospital no está especializado en neurología.

–De acuerdo, muchas gracias.

–De nada.

Allison salió de la consulta llorando sin parar del disgusto que esa noticia le había causado. No podía creer que el dolor que tenía en la espalda fuera tan grave. Nada más salir del hospital llamó a sus padres para darles la noticia, y después a su marido. Sus padres y su marido se quedaron perplejos por lo que les había contado y muy preocupados por ella. Sobre el año de haberle diagnosticado, la llamaron del hospital, donde la operarían, para una consulta.

Cuando llegó el día de la fecha de la consulta médica, se fue en el tren desde Gandía a Valencia y luego cogió el metro hasta el hospital, su padre era quien la acompañaba esta vez. Una hora y pico después llegaron al hospital y, después de esperar más de media hora, entraban en la consulta. El doctor era un hombre bastante mayor, parecía tener más de sesenta años, con bastante pelo de color gris tirando a blanco, como su bata. Él le explicó que la operación consistiría en ponerle una placa y varios tornillos para compensar la zona, y poder rectificar todo lo posible aquella vértebra. Le enseñó un papel por si quería operarse y así ponerla inmediatamente en lista de espera. Ella empezó a leer el documento y la primera palabra que ponía era que se podía quedar parapléjica. A ella le dio mucho miedo y no quiso continuar leyendo, directamente le dijo:

−Prefiero aguantarme el dolor, de momento, todo lo que pueda.

−Bueno, es tu decisión.

−Cuando no pueda aguantar más, volveré para ponerme en lista.

−Muy bien, lo que prefiera.

−Muchas gracias.

−De nada.

El doctor le recomendó que tenía que hacer natación, era el mejor deporte para la espalda, y que no se le ocurriera ni correr ni ir en bici de calle, solo podía utilizar la estática. Saliendo del hospital camino de casa, iba pensando en todo aquello, pensó que prefería seguir aguantando el dolor y así continuar un tiempo más, a ver cómo lo iba llevando con el tiempo.

Llegó el día en que Claudia cumplió dos años y celebraron su cumple en casa, pero esta vez solo con la familia de parte de Allison, los amigos no asistieron, este año fue menos gente. El primero siempre suele ser más espectacular. Volvieron a servir la misma comida y todos le regalaron ropa, como el año anterior. Ese mismo día Allison le quitó el chupete, el pañal y la misma Claudia le dijo a su madre:

—Mami, quiero dormir en la cama, en la cuna ya no. Allison se sorprendió muchísimo. Y le contestó:

—Me parece muy bien cariño, lo que tú quieras.

La niña ya hablaba claro y la primera palabra que dijo fue papá, aunque a ella le hubiera gustado que hubiera sido mamá. Pero una vez le escuchó decir a alguien que papá era la primera palabra que solían decir, pero que también era lo primero que se les olvidaba. Después todo es mamá esto, mamá aquello y mamá para todo, qué razón tenían, con el tiempo lo fue comprobando.

Antes de cumplir los dos añitos, Claudia ya había muchas noches que le ponían el pañal para dormir y, cuando se levantaba por la mañana para ir a la nueva guardería, se levantaba con el pañal seco, vio que se lo podían haber quitado mucho antes, pero al final fue el mismo día de su cumpleaños.

Cada día que iba a la guardería, Allison le enseñaba a Claudia los números del uno al diez, en inglés, los colores, así que a los dos años ya los sabía. Allison no es que supiese mucho inglés, pero lo poco que ella sabía se lo enseñaba a su hija. Tiempo después la niña aprendió el abecedario con un ordenador de juguete que tenía, y cantando lo aprendió y nunca lo olvidó.

Allison seguía con sus dolores de espalda y trabajando, encargándose de todo como siempre. La tía Sandra recogía a Claudia ya que sus padres no podían recoger a la pequeña por estar tan lejos. Cuando Allison terminaba de trabajar, iba enseguida para darle la cena, ducharla, ponerle el pijama, acostarla para dormir a las nueve de la noche.

Cada noche cuando iba a acostarla le leía un cuento diferente. Claudia se acostumbró muy rápido a aquello y siempre lo pedía. Claudia cumplió los tres años y lo volvieron a celebrar en el dúplex donde vivían con la familia, recogieron los regalitos e hicieron fotos para el recuerdo y, cuando se cansaron, se fue cada uno para casa y ellos se quedaron recogiendo todo.

Zeus

Allison había conocido a muchos compañeros nuevos en el trabajo, había cogido confianza con todos en general y, siempre que llegaban los agentes funerarios de otras compañías, se sentaban a tomar algo y hablar de todo un poco, también aprovechaban para merendar. Uno de ellos se llamaba Zeus, muy simpático, siempre estaba de guasa y cachondeo, ella era igual, por eso se llevaban muy bien. Hablaban de sus vidas y de lo que les sucedía en cada momento. Zeus era moreno, fuerte y le gustaba vestir con ropa deportiva.

Allison llevaba años arrastrando y aguantando la poca ayuda que tenía. Le quedaba grande la situación, por sus lesiones y por el exceso de trabajo. Él dormía en el sofá desde hacía tiempo, no comprendía la situación con su mujer, por eso le pedía consejo. Ella le daba su opinión de lo que podría hacer para intentar cambiar las cosas. Se dieron los números de teléfono, hablaban casi todos los días para ver cómo iban las cosas y preguntarse si habían funcionado sus consejos, también tenía todos los números de sus compañeros, no solo el de Zeus.

Así pasaron unos meses y Allison le comentó a Kevin que tenía un compañero de trabajo que no estaba pasando un buen momento con su mujer, pero no le contó nada más. Cuando a ella algún amigo o conocido le decían no digas nada, ella así lo hacía, no se lo contaba ni a su marido.

Un día, Zeus le preguntó si podía mandarle un mensaje más comprometido, y así ver si su mujer se ponía celosa y arreglaban la situación. Ella intentó ayudarlo sin pensar mucho las consecuencias, como era una persona tan inocente, lo mandó desde su móvil, pero tendría que haberlo enviado desde otro. La mujer de Zeus lo vio y tuvieron una fuerte discusión, en vez de arreglarlo rompieron para siempre. Ella cogió las maletas y, sin darle tiempo a que pudiera explicarle nada, se marchó, pero, como si esto no fuese suficiente, llamó a Allison y le dijo:

—Hola, soy Beatriz. ¿Qué pasa entre tú y mi marido?
—¿Qué pasa de qué?
—He visto que le mandas mensajitos.
—Sí, claro, somos amigos.
—¿Está tu marido?
—No lo sé, anoche trabajé y estaba durmiendo, así que no sé si estará.
—Bien, ya iré yo a tu casa y hablamos los tres.
—Ven cuando quieras.
Apenas unos minutos después Beatriz localizó el número de teléfono donde trabajaba, y llamó a Kevin, él subió corriendo escalera arriba chillándole:

—¿Qué has hecho?
—¿Qué he hecho de qué?
—¿Te has liado con Zeus?

—¡No!

—¿Cómo qué no? Eso no es lo que dice su mujer, dice que tiene mensajes que os habéis mandado.

—Sí, claro.

Ella le explicó lo que había sucedido, Kevin llamó a Zeus para aclarar todo y este le dijo que si quería podían quedar para explicarle mejor la situación, pero Kevin no les creyó y dudó de la palabra de Allison, ya nunca más volvió a ser lo mismo entre ellos, en ese mismo momento Allison le dijo a Kevin:

—Aquí termina nuestro matrimonio.

—¿Por qué dices eso?

—Porque lo sé por tu forma de mirarme, ya no me miras igual que antes y no confías en mí, se acabó.

—Si tú piensas así, no lo arreglaremos.

—Es lo que veo, lo veo venir y, si no es ahora, será más adelante.

A partir de entonces empezó un infierno para Kevin, enfermó de los nervios, y tuvo que acudir al psicólogo para que pudieran darle alguna medicación, ya que cayó en una gran depresión, lo pasó realmente mal. Allison se sentía muy mal al verlo así, sufría por todo y por nada. Discutían mucho y el día a día era insoportable, él la llamaba cada dos por tres, cuando estaba en el trabajo para ver si le quedaba mucho para salir, la controlaba continuamente porque ya no se fiaba. Ella quería escapar, pero no podía, estaba atada de pies y manos. Tenía el trabajo cerca de donde vivía con su marido y la niña, y además también tenían la vivienda, de los dos. No podía dejar la casa para irse con sus padres, vivían lejos, a media hora de camino, y en esos momentos no podía permitirse ese lujo, su trabajo se lo impedía. Cuando la llamaban, a veces, en media hora tenía que estar en el trabajo y no le daba tiempo a ir si se iba tan lejos. Así que tuvo que seguir aguantando todo aquello.

Kevin la amenazaba cada vez que ella quería irse de fin de semana, porque no aguantaba más esa situación y era imposible arreglar aquel matrimonio, estaba más que roto. Él le decía que iba a quemar todas sus fotos y que tiraría todas sus cosas por el balcón, un día discutieron muy fuerte y él le quitó el móvil de las manos y se metió en el cuarto de baño de abajo para poder revisar todos los mensajes y llamadas que había hecho. Allison, al ver la situación, cogió las llaves del coche y sin pensar las cosas quiso escapar, pero Kevin escuchó la puerta y salió corriendo detrás suyo. Logró entrar en el coche e intentó poner la llave en el contacto para arrancar, pero ya lo tenía dentro, dio un portazo que no sé cómo no rompió la puerta del coche, pero sí le bloqueó la ventana, que ya no abría ni cerraba. Le tiró de las llaves, que aún tenía entre las manos, y le rompió el llavero, también le hizo daño en el dedo meñique.

De la rabia, la impotencia y el miedo que sentía en ese momento, no pudo evitar darle una colleja por detrás del cuello, y él reaccionó dándole una bofetada en toda la cara con la palma abierta, cosa que nunca le había pasado antes. Allison se quedó paralizada, con la boca abierta, no lo podía creer y no podía parar de llorar. Él entró en casa y ella cogió el coche y se fue a casa de su suegra, donde estaba Claudia, porque no sabía dónde ir. Llegó llorando y muy nerviosa, aunque intentó disimular todo lo que pudo porque Claudia estaba allí, pero la niña le preguntó:

—Mamá, ¿qué pasa? ¿Por qué lloras?
—No, nada, no pasa nada, cariño.

Kevin se fue por los campos cercanos al pueblo y amenazó con quitarse la vida, llamó a la madre de Allison para decírselo. Ellos quedaron muy preocupados, no podían hacer nada, y la llamaron para avisarla. En ese momento estaba con su suegra, su suegro y las parejas de ambos. Alexia, la pareja de su suegro, había sido su compañera de colegio y eran amigas desde la infancia. Allison estaba sentada en su coche con la puerta abierta hablando con ella de todo lo sucedido.

—Ya no puedo más.
—Tú, tranquila, piensa bien las cosas.
—Ya no quiero seguir.
—Si no lo quieres, no lo intentes más.
—Es que esto es imperdonable, Alexia.
—Si ves que no vale la pena, es mejor dejarlo y ya está, pero si ves que aún puedes salvar tu matrimonio, dale otra oportunidad.
—Es que ya no sé qué hacer, pero así no puedo seguir.
—Te entiendo, es una decisión que solo puedes

tomar tú, piénsatelo bien.

Ya era de noche cuando Kevin apareció en la casa de su madre donde estaban todos preocupados esperándolo. Hablaron las cosas y volvieron a casa dispuestos a salvar su matrimonio.

Siguieron con sus vidas, intentando aparentar que nada había pasado, pero volvieron a enfadarse una y otra vez. Kevin intentó suicidarse en varias ocasiones tomándose pastillas en el baño de su habitación. Allison libró un fin de semana y se marchó al pueblo con sus padres, él amenazaba con suicidarse y también le dijo:

—¡Como te vayas, quemo todas las fotos que tenemos y el álbum de la boda y todo!
—No, por favor, no hagas nada.

Ya se lo había dicho en muchas ocasiones, él la asustaba con esas cosas y así evitaba que se fuera, pero ella no aguantaba más y se fue ese fin de semana. Él no quemó las fotos, pero sí se tomó las pastillas y en el momento de hacerlo la llamó para decírselo, ella envió a su suegra, inmediatamente acudió a casa para evitar cualquier desgracia, se lo llevó al hospital y le hicieron un lavado de estómago, todo quedó en un gran susto.
A pesar de todo, Allison no quería que le pasara nada a su marido y padre de su hija. Volvieron a intentarlo de nuevo, pero aquello no podía ser, así estuvieron dos años o más. No se podía, se rompió el día que Allison lo vio en sus ojos, cuando él dudó,

ella ya lo sabía, pero Kevin no quiso verlo o reconocerlo en aquel momento.

Lo quisieron intentar de todas las maneras, pero fue peor porque alargaron la agonía.

Allison seguía con sus dolores de espalda, trabajando sin parar, llevando la casa y las obligaciones, mientras estaban a punto de operarla. Le mandaron una carta para comincarle que el primero de julio del 2013 le practicarían la tan esperada operación de espalda, había aguantado cuatro años de su vida, con dolores insoportables, trabajando fuera y dentro de casa.

Faltaba un mes y justamente ese día le daban las vacaciones. ¡Menudas vacaciones la esperaban a la pobre!, pero no quedaba otra, nadie lo podía pasar por ella. Parecía que las cosas se habían calmado un poco, bien porque iban a operarla o porque las cosas estaban más calmadas, aun así, le llegaban rumores y comentarios por todos lados sobre Kevin y ella callaba día tras día.

Llegó el día de ingresar en el hospital para la operación, era domingo y aún tuvo que trabajar esa mañana en el tanatorio. A las cinco de la tarde ingresó para que la operaran al día siguiente, el uno de julio de 2013.

El día anterior quedó con Kevin para verse e ir de fiesta, Allison era un poco supersticiosa y tenía miedo a los quirófanos y a la anestesia. Había oído una historia de un chico que le habían practicado una sencilla operación de codo y no aguantó la anestesia y falleció. Eso a ella le inquietaba bastante, se acordaba de sus anteriores operaciones y de lo mal que lo pasó, le volvió el miedo y lo quiso compartir con Kevin. Fueron a una discoteca al aire libre con piscina, donde lo pasaron realmente bien, conocieron a dos chicos que estaban allí, en el coche que estaba aparcado al lado. Cuando se cansaron se fueron para casa, no muy tarde, porque ella tenía que descansar antes de ir al trabajo y luego al hospital.

La operación de espalda

A la mañana siguiente se levantó para ir a trabajar, tenía dos salas por limpiar, cuando terminó, fue para casa corriendo para ir pronto al hospital, tenía que estar allí a las cinco de la tarde. Al llegar le tomaron los datos a ella y dos personas más, les midieron la temperatura, si alguno tenía fiebre, no los podían operar. Les asignaron una habitación individual con una cama y un sofá, a ella la acompañó su marido y al día siguiente fueron sus padres. Desde las doce y media, no pudo ni beber ni comer.

Estaba algo nerviosa, no podía evitar pensar que había llegado el momento y el miedo empezó a apoderarse de ella. Temía que algo saliera mal y que no se despertarse, que la dejaran paralítica o con algún otro problema más grave. Incluso le venían recuerdos de todo lo vivido.No sabía que le depararía el destino, pero ya estaba hecho, había llegado el momento.

Después de esperar todo el día, pensando que la operarían a primera hora, la bajaron a quirófano a las cuatro de la tarde. Se despidió de su marido y sus padres, que estaban muy nerviosos, y le desearon que todo le saliera bien. Antes de entrar la dejaron en un box, cerca del quirófano, donde los enfermeros le pusieron un gotero.

—Hola, buenas tardes, soy el anestesista que va a estar contigo en la operación.

—Ah, muy bien.

—¿Eres alérgica a algún medicamento?

—No, que yo sepa.

—¿Operada de algo más?

—Sí, de la pierna izquierda, cuatro veces, de un accidente de tráfico.

—¿Alguna vez has tenido algún otro percance?

—Sí, una vez tuve reacción a la anestesia, me salieron unas manchas rojas. Creo que me pusieron demasiada anestesia. Menos mal que me pusieron la epidural y pude notarlo porque, si no, a saber qué hubiera pasado.

—De acuerdo, muy bien.

Pasó al quirófano, sólo llevaba la bata de color azul que tapa por delante y por detrás no, tenía frío y le pusieron una manta, le pusieron un pulsómetro para medir las pulsaciones, y un tensiómetro para medirle la tensión. Poco a poco, sin darse cuenta, se quedó dormida.

Estuvieron operándola unas seis horas. Había dos neurocirujanos en la operación, uno mayor de unos sesenta años, el primero que la atendió en la consulta, y otro que no tendría los cuarenta años, muy guapo, aparte de estudiantes y residentes y el personal de quirófano. En principio la operación iba a ser más corta, habían estudiado el caso y a simple vista era sencillo, consistía en poner dos placas y cuatro tornillos para sujetar las vértebras, pero al abrir se llevaron una sorpresa. Vieron que tenía una vértebra de cada color, de nacimiento, las vértebras no se habían formado bien, a varias les faltaba una apófisis, que es la parte saliente de la vértebra, de un lado, en otra del otro lado, y a otra le faltaban las dos apófisis. El neurocirujano decidió, en ese momento, poner dos tornillos más y reparar todo lo que pudiera. Para ir bien, al tener desvío de columna, la tendrían que operar toda la espalda, con el tiempo se iría castigando la zona ahora operada y le iría subiendo el dolor. No tendría más remedio que volverse a operar más adelante.

Kevin y sus padres estaban desesperados, no salía y nadie les decía nada. Kevin se llevó un libro, que empezó a leer cuando llegaron y acabó leyéndoselo entero. Estaba nervioso, mordiéndose las uñas, parecía estar realmente preocupado, no se movió de allí ni un momento hasta que ella salió y supo que todo estaba bien.

Al salir del quirófano fue despertándose y empezó a notar dolor, pero no dijo nada, creyó que era normal. La sacaron y la llevaron a una sala con más pacientes recién operados como ella, habría ocho pacientes más, sólo escuchaba lamentos y gente quejándose. A Allison le dio más fuerte el dolor y no podía mantener las piernas estiradas todo el tiempo, tenía que doblarlas hacia arriba para tener la espalda más recta y así le dolía menos. Lo primero que hizo cuando salió fue mover los dedos de los pies y luego las piernas. Gracias a Dios comprobó que podía moverlas, todo había salido bien, no había quedado paralítica y podría andar, una de las cosas que más le preocupaba. Cuando se le hizo insoportable aguantar el dolor, llamó a una de las enfermeras, que le puso medicación.

—Si tenías dolor, no tenías que haber esperado tanto tiempo, haberme llamado antes.
—De acuerdo, no lo sabía.

Había cuatro pacientes a su alrededor y enfrente había otros cuatro, una de ellas, enfrente a la izquierda, no paraba de quejarse del dolor. Allison tenía dolor de cabeza de escucharla, no sabía cuánto tiempo pasaría allí. Al parecer, era farmacéutica y cada vez que le ponían algo les decía:
—¿Eso qué es?
—Es lo que nos ha mandado el doctor que le pongamos.
—¡No! ¡No! ¡No! Eso no me lo ponéis a mí.
—Que sí, nos han mandado ponerte esto y se lo tenemos que poner.
—¡Qué no! ¡Qué no! A mí no me lo ponéis.

Así estuvieron un buen rato, llamaba cada dos por tres.

—¡Me duele mucho! —chillaba la paciente.

A Allison le dolía muchísimo la espalda, hasta que la sacaron de allí. La subieron a la habitación, allí la esperaban sus padres y su marido, que le preguntó cómo se encontraba. Kevin estaba nervioso, o al menos eso parecía. Él le contó que se había leído el libro entero de los juegos del hambre mientras la operaban.

Esa noche no pudo descansar muy bien, a pesar de que las enfermeras le ponían la medicación indicada, no se podía mover del dolor, tuvo que estar boca arriba toda la noche. A la mañana siguiente, sobre el mediodía, pasó el médico joven que la había operado y le dijo:

—¿Cómo te encuentras?

—Me duele.

—Me lo imagino, pero tienes que levantarte y andar por la habitación poco a poco.

—De acuerdo.

—Tómate Paracetamol de un gramo y Enantium, no te quites la faja para nada hasta que te lo indiquemos.

—Entendido.

—Que te curen en tu centro médico, los puntos son biodegradables y se irán cayendo solos poco a poco.

—De acuerdo, gracias por todo.

—Nos vemos en un mes.

El doctor le dio los papeles del alta y después de intentar que se levantara y que no se mareara, se fueron. Para levantarse necesitaba ayuda, le costaba muchísimo, además de que tenía mucho dolor, pero lo tuvo que hacer. Se fueron para casa en su propio coche, se sentó al lado del conductor porque le era más cómodo que ir detrás.

La salida de sus padres

A la hora de estar ya en casa, se tuvo que sentar en una silla de madera porque tenía prohibido por el médico sentarse en el sofá, hasta pasados cuatro meses.

Al vivir en un dúplex y tener las habitaciones en el piso de arriba, ella no podía subir, por eso decidieron ir a casa de la madre de Kevin, que vivía en el mismo pueblo que ellos, y tenía una habitación en el piso de abajo. Allí dormía la abuela de Kevin, que había fallecido hacía un tiempo. Los padres de Allison se quedaron con ellos, en el dúplex, para poder ayudarla en todo lo que hiciera falta. Nada más llegar Kevin, ayudó a acostar a Allison y él se quedó horas y horas conversando con su madre. Al día siguiente no fue a trabajar porque apenas había dormido y a Allison le sentó mal, no lo veía bien.

El día lo pasaba en su casa con sus padres, y su madre era la que se encargaba de todo, limpiar, hacer la comida, lavar y planchar, también ducharla porque ella no podía aún.

Pasados tres meses, Kevin se fue a comer con los quintos de su pueblo, los que cumplen años el mismo año, quedaron en reunirse, hacía tiempo que no lo hacían y fueron a un restaurante donde tenían música al aire libre y también piscina.

Ella esperó horas y horas sentada en la silla mirando al móvil a ver si Kevin le mandaba un mensaje en algún momento, pero no se dignó a hacerlo hasta pasadas las once de la noche. Le dijo que se lo había pasado muy bien y que ya no tardaba, a ella no le sentó muy bien, no pensaba que aquello se alargaría tanto y menos sin avisarle. Estaba desesperada, los días se le hacían muy largos, aburridos sin poder hacer nada y sufriendo por el dolor, quería poder acostarse.

Kevin llegó y discutieron, él no pensó nada en ella, estaba recién operada y sufriendo, con ganas de descansar la espalda en la cama. Sólo pensó en él, en pasarlo bien y nada más. Ella había dejado de ser importante para él.

No podía ni sentarse en el baño. Pasaba las horas leyendo, mirando la tele y caminando cada dos por tres. No podía estar mucho rato sentada, le daba la ciática en la pierna derecha, era un dolor muy molesto que le bajaba de la espalda hasta el pie. Tenía que pasar por aquello, no le quedaba más remedio.

Cuando llegó Kevin, se fueron a casa de su madre a descansar hasta la mañana siguiente, que volvían a su casa, y así sucesivamente.

Durante el día recibía visita de familiares y amigos que se preocupaban por ella.
El sexto día, después de la operación por la tarde, oyeron gritos de una pareja de por allí cerca,

parecía que fuera en su misma calle, pero no sabían dónde, hablando mal e insultándose. Kevin llegó de trabajar a las dos de la tarde, después de comer se tumbó en el sofá y se durmió en vez de ir arriba a la habitación a descansar y dejar sitio a sus suegros, además podían venir visitas. Al cabo de unas horas llamaron a la puerta, era la Guardia Civil preguntando si los gritos venían de esa vivienda o si sabían de donde podían ser. Les dijeron que los habían escuchado, pero no sabían nada más. En ese momento Kevin se subió a la habitación a dormir y, al ver que no bajaba, los padres de Allison y ella se comieron un trocito de pan para cenar. Se hicieron las once de la noche pasadas, y al ver que no daba señales de vida, Allison lo llamó por teléfono:

–¿Bajas a cenar?
–Sí, claro, ahora bajo.

Bajó corriendo las escaleras y miró directamente en la mesa del comedor para ver la cena y al no ver nada preguntó:

–¿Qué hay para cenar?
–Nosotros nos hemos comido un trozo de pan, cógete lo que quieras.
–Ah, muy bien.
–¿Qué quieres? Como no sabíamos si bajabas o te quedabas durmiendo hasta mañana, nos hemos apañado con un trozo de pan.

Kevin estaba molesto y volvió a subir a la habitación.

Allison no podía más del dolor de espalda y de piernas, ya estaba desesperada, llevaba muchas horas sentada en la silla. Entonces volvió a llamarle para ver si la acompañaba a casa de su madre a dormir porque necesitaba descansar, le dijo que sí, que ahora bajaba, y él se lo tomaba con filosofía encima, qué poco miramiento, si eso es querer y cuidar a una persona, vamos, que baje Dios y lo vea.

Los padres de Allison estaban sentados en el sofá, a su lado, viendo cómo estaba padeciendo, tenía ya lágrimas en los ojos al ver que Kevin recogía todo tan tranquilo y al final el padre de Allison no pudo aguantar más y le dijo:

—Hombre, Kevin, date prisa, no ves cómo está la niña.
—Tú, cállate, que aquí no pintas nada.

Tal rebote y mosqueo pilló que les dijo:

—Ahora mismo os vais de mi casa.

Sin comerlo ni beberlo los echó a la calle, ella le reclamaba una y otra vez que no le parecía correcto lo que había hecho y se pusieron a discutir acaloradamente. Los padres se pusieron a recoger sus cosas y se fueron, no tenían dónde pasar la noche porque ya era tarde, se habían dejado el cargador y cuatro cosas, por eso no se podían ir a su casa a más de media hora de camino. Entonces se fueron a una casita que habían comprado al enfermar Susana de los huesos, la cual no estaba en condiciones porque habían tenido unos ocupas allí y lo habían destrozado todo y se habían llevado hasta los grifos. Les costó un año y mucho dinero desahuciarlos con abogados y procuradores. Así que tuvieron que pasar la noche en el coche, Allison se enteró y estaba preocupada por ellos y por saber qué habían hecho.

—No me he ido con ellos porque no puedo conducir por las condiciones en las que me encuentro, pero quiero decirte que esta es la última vez que te pasas así conmigo y con mis padres. Me parece fatal lo que acabas de hacer
—dijo Allison enfadada.
   —Vamos, que te llevo a casa de mi madre.
   —No, déjalo, no pienso ir a ningún lado.

Allison se dispuso a subir las escaleras que había hasta la habitación de su hija. No pensaba dormir con él después de aquello y también porque la cama era baja y ella no se podía acostar. Subió las escalones uno a uno cogiéndose del pasamanos y de las paredes llorando, sufriendo, como pudo. Le costó, pero lo consiguió, llevaba seis días operada y ya no quería más ayuda de él, para nada. Se acostó en la cama de su hija como pudo y se puso un taburete al lado de la cama, para cuando quisiera levantarse apoyarse y así, sin ayuda de nadie, poderse levantar. Él llamó a sus suegros, no se había portado nada bien, ellos no le cogieron el teléfono, no querían saber nada de él.

Sobre las dos de la madrugada tuvo la poca consideración de llamar y despertar a su madre para contarle todo lo que había pasado, y de paso decirle que a las siete de la mañana estuviera en casa, que él se iba a trabajar, para que pudiera ayudarla a levantarse.

Allison pasó toda la noche llorando de la impotencia que sentía, de ver todo lo que le estaba tocando vivir. A las siete, llegó su suegra y subió para ayudarla, pero se negó a cualquier tipo de ayuda.

—¿Quieres que te diga una cosa? Tú tienes toda la culpa.

—¿Cómo?

—Sí, porque, si el año pasado no hubieras vuelto con mi hijo, él ya lo tendría superado.

—Ah, ya, pues sí, la verdad, más gilipollas he sido yo por haber vuelto.

—¿Te tengo que ayudar a levantar o algo?

—No, gracias, me puedo apañar sola.

Se fue y Allison se levantó como pudo después de muchos intentos y dolores, apoyada en el taburete. Pasó el día sola y pensando en todo lo ocurrido, sus padres fueron a recoger las cosas y a verla, les sabía muy mal dejarla así pero no tenían más remedio y se fueron.

La relación entre ambos ya estaba haciendo aguas, aquello no iba a durar mucho.

La prueba de nervios

Su relación iba aguantando a duras penas, al mes de la operación, fue a la consulta del neurocirujano que la había operado acompañada de sus padres. Después de mucho esperar los atendieron, el doctor Quilis le preguntó:

—¿Cómo te encuentras?

—Un poco mal, mejor que al principio, pero es duro y tengo mucho dolor.

—Es normal, aún es pronto.

—No puedo estar sentada mucho tiempo, me baja un dolor desde la espalda hacia las piernas y tengo que levantarme y caminar dentro de casa para que se me pase.

—Vamos a hacerte una electromiografía, para comprobar que no se ha dañado ningún nervio después de la operación y así veremos qué está sucediendo, será en unos tres meses.

—De acuerdo, doctor, hasta entonces.

Al salir de la consulta fueron a la ventanilla, donde le dieron la cita, después se fueron con el metro a la RENFE para que el tren los llevara a casa. A partir de entonces Allison tenía que hacer la cena y comida, no tenía más remedio, ya que sus padres no estaban, por desgracia para ella.

Pasaba todos los días igual, sentada en la silla,

levantándose y caminando cada dos por tres. No podía estar mucho rato seguido sentada, estaba mejor acostada y por las tardes se acostaba en la cama de matrimonio a leer. Se leyó la trilogía de Los juegos del hambre en muy poco tiempo, le gustó mucho la saga. Era de esos libros que cuando los lees te enganchan y te dejan con ganas de continuar para saber más. Leía a cada rato que podía, le apetecía, ya que no tenía nada mejor que hacer, leer y ver la tele.

Al siguiente mes la llamaron del hospital para hacerle la prueba que le había indicado el doctor Quilis. Le dieron cita para la siguiente semana a primera hora. Su padre la acompañó, aún no podía conducir, apenas habían pasado dos meses de la operación.

Fueron a consultas externas, cerca de urgencias, por una rampa con una puerta pequeña donde también hacían rehabilitación otros pacientes. Después de preguntar, fueron hasta el lugar donde le harían las pruebas. Estuvieron esperando una media hora, entonces la llamaron, sólo pasó ella, su padre se quedó fuera esperando a que terminara. Ella pasó con el enfermero a una sala pequeña con una camilla y un aparato con muchos cables, el enfermero le dijo:

—Quítate la parte de abajo, pantalón y calcetines, cuando estés, te tumbas en la camilla y me avisas.

—Entendido. Pasados cinco minutos ella le avisó.

—Ya está.

El enfermero le limpió la piel y le colocó varias agujas con electrodos en varios músculos de las piernas, le tuvieron que poner en la cabeza, en tres zonas diferentes y así comprobar qué era lo que tenía dañado para que tuviera tantos dolores. La prueba se le hizo bastante larga ya que duró más de media hora.

—Ya está.
—¿Y ahora qué?
—Ahora a esperar, te llamarán para que vengas a recoger los resultados.
—Muchas gracias.
—De nada, hasta luego.

Cuando salió fue en busca de su padre y se fueron para casa, la dejó fuera de casa y se fue para no cruzarse con Kevin.

A las tres semanas la llamaron del hospital, ya estaban las pruebas. Unos días después fue con su padre a admisión a recogerlas. Esperaron su turno, enseñó su D.N.I, S.I.P. y le dieron un sobre con el informe para el neurocirujano, pasado un mes, le tocaría la cita con el doctor Quilis.

Tres meses después de la primera visita, llegaron al hospital, subieron por el ascensor a la segunda planta donde estaba la consulta, había bastante gente esperando. Fueron al fondo de la sala, donde había sillas a un lado y al otro, todas ocupadas, esperaron de pie enfrente de la puerta a que saliera la mujer de la consulta que había delante de ellos.

—Buenos días, ¿qué tal estás?

—Buenos días, mejor, pero aún sigo con dolor en la pierna derecha, como si fuera la cicatriz que no me deja estar sentada ni cinco minutos y de pie mucho rato tampoco.

—Vamos a ver los resultados.

—Me molesta todo.

—Las pruebas marcan normalidad, dentro de los parámetros.

—Entonces, ¿por qué me duele y me molesta tanto?

—Es normal, después de una intervención de este tipo. Normalmente se repara con el tiempo, pero no se quita el dolor y este es tu caso.

—Lo que me faltaba…

—Eres muy joven para este tipo de operación, además, tienes una vértebra de cada color.

—Ya, ya lo sé, me lo comentaste la última vez que hablamos.

—Sí, lo tienes complicado, el dolor te irá subiendo con el tiempo.

—¿Me tendrán que volver a operar?

—Lo más seguro es que sí. De todas formas, tú sigue con la medicación si te duele mucho y nos vemos en seis meses.

—Muy bien y muchas gracias doctor.

—De nada, hasta luego.

Salieron de la consulta, pasaron como siempre por el segundo pasillo a su izquierda hasta el final. Allí había dos enfermeras con dos ordenadores, atendiendo a los pacientes. Había cola y tuvieron que esperar, a medida que iban avanzando se enteraron de que un ordenador tenía algún problema y estaban esperando al técnico. Pasada media hora, pudo hacerlo funcionar y les dieron las citas, en seis meses.

Fueron en busca del metro para ir a la RENFE que los llevaría de vuelta. El metro iba cargadísimo de gente y tuvieron que seguir de pie hasta la tercera parada que les tocaba bajarse, media hora más tarde cogían el tren de vuelta. En una hora más llegaron al coche y para casa.

Allison se encontraba muy cansada, como si le hubiera pasado una apisonadora por encima, entre el dolor que sentía y el trayecto del tren, estaba exhausta. Al llegar fue a su habitación, poco a poco, peldaño a peldaño, hasta llegar arriba para acostarse muy despacio sobre el lado derecho hasta tocar el colchón. Cada vez que se acostaba le costaba un mundo, pero no le quedaba otra. Se puso el cojín doble detrás de la espalda para estar más cómoda y se dispuso a leer. Sobre las seis y media cerró el libro, ya no había luz del día, estaba anocheciendo. Se sentó en la cama, con ayuda del taburete, que tenía siempre a mano para apoyarse y tirar de él y así poder levantarse sola.
Estaba sola en casa, hasta que llegaba Kevin de trabajar, cuando consiguió ponerse en pie empezó a bajar las escaleras hasta llegar al comedor, se sentó en la silla de madera, aún era pronto para poder tumbarse en el sofá. Se puso la televisión y bajó el

libro para seguir leyendo en los descansos. Cada diez minutos se levantaba y se ponía a caminar desde la silla hasta la ventana del comedor. Después desde la ventana de la cocina y viceversa, le subía el dolor por la pierna derecha y tenía que levantarse. Así pasaba los días.

Preparaba la comida a su marido siempre, ya que estaba todo el día trabajando, tenían costumbre de comer diferente cada día. En la semana no repetían. Había noches en las que Kevin llegaba tardísimo, ella cenaba antes y esperaba a que llegara para verlo un rato y hablar de cómo les había ido el día. Le dejaba su plato en la mesa, solo tenía que calentarlo. Ella esperaba que terminase de cenar para sentarse un rato en el sofá a ver la televisión, aunque aún no podía, pero compartían ese tiempo. Cuando se iba a dormir se subían juntos, la habitación de matrimonio estaba arriba. El matrimonio se había vuelto monótono, había entrado en la rutina, aparte de los problemas que habían tenido.

La decisión

El dieciséis de octubre de 2013 Allison estaba en su habitación acostada leyendo, cuando llegó Kevin de trabajar y se tumbó al lado suyo. Se pusieron a hablar, el matrimonio no iba bien, ambos estaban perdiendo el tiempo, no podían seguir y era preciso poner punto y final. Mientras hablaban iban derramando lágrimas, del disgusto que les daba poner fin a su relación, después de casi once años. Después de haberlo intentado habían fracasado y no pudieron salvar el matrimonio. Antes de esto, Allison había visto comportamientos raros en él, ciertos cambios, pero no le había dicho nada.

Kevin llevaba varios meses quedando con un amigo del trabajo, cuando iba de mañana y terminaba a las dos del mediodía. El primer día se lo presentó, se llamaba Albert, un chico de estatura media, moreno, delgado y que nunca había tenido novia, cosa que a ella le extrañó bastante, pero en ese momento no le dio importancia porque el chico tenía más de treinta años. Ellos se cogían una pizza y se quedaban en el comedor viendo películas toda la tarde.

Un día Allison llegó de trabajar temprano y al entrar en casa vio que no estaban en el comedor, corrió escaleras arriba a su habitación y los encontró en la cama a los dos sin camiseta. Albert estaba en su parte de la cama, tapado hasta la cintura, no vio nada más. Le pareció un poco sospechoso y le hizo pensar mal, pero no lo quiso creer. Cuando tuvo la oportunidad de hablar con Kevin le dijo:

—Oye, que sea la última vez que metes a alguien en mi cama.

—Es que nos hemos puesto ahí porque los cables están en la habitación para no estar bajando y subiendo cada vez.

—No me parece bien, me da igual que lo bajes o lo subas, pero a la habitación no sube nadie más.

—Vale, no te enfades, lo haremos así.

Al día siguiente vio unas manchas negras, de tamaño bastante grande, en el pasillo de su habitación. Aquello le hizo fruncir el ceño y pensar mal, pero no fue lo único que encontró en la habitación. En una bolsa de papel para tirar basura enfrente de donde dormía Kevin había pañuelos mojados con semen. Ellos no habían tenido relaciones la noche anterior y la hizo dudar todo aquello. ¿La estaría engañando con Albert? ¿Serían ciertos los rumores que decían sobre él?

Después de terminar la relación siguieron viviendo juntos, ya que aún no estaba recuperada de la espalda. Iban pasando los días y Allison se consumía en vida en la habitación leyendo y viéndolo a él cada día más contento. Sonriendo, canturreando por la casa y arreglándose para salir. No podía soportar ver todo aquello y menos encontrándose así de mal. Kevin la había olvidado muy rápido, por lo que se veía.

No pudo aguantar más y el día uno del mes siguiente a la ruptura, empezó a hacer las maletas, la de Claudia y la suya, con su ropa y neceseres. Antes le dijo a Kevin que quería irse, le parecía mal verlo, prefería sufrir lo que tuviera que sufrir, pero sin verlo ni enterarse de las cosas que hacía. Kevin le propuso ir a casa de su padre unos meses, mientras arreglaba la casa que habían comprado los padres de Allison y que aún estaba por reformar. Kevin llamó a su padre, Víctor, para preguntar si podían estar allí una temporada, le dijo que sí.

Después de recoger sus cosas, llamó a su padre. Cuando llegó, cargaron todo y los llevó a la casa de su ya ex suegro. Víctor les dejó la que fue habitación del hermano de Kevin, se instalaron y cenaron.

Iban pasando los días en armonía hasta que empezaron los problemas de convivencia. Se metían si venía tarde, si no atendía bien a su hija… Pasados dos meses tuvo que hablar con su amiga Coral, ella le tendió su mano cuando más lo necesitaba. Coral también pasaba el peor momento de su vida, se separaba del padre de su hijo con dos años, mientras que Claudia tenía cinco.
Esas navidades Allison las pasó con sus padres en Pedreguer y vino su amigo Sergio, el que conoció en una discoteca, que solía frecuentar cuando era la novia de Oliver. Ese día pasearon, fueron al centro comercial y vieron películas en casa. Su amigo le contó que había conocido a una chica y que iba bastante en serio. Allison se alegró mucho por él porque ya llevaba mucho tiempo queriendo tener

novia. Le contó que la había conocido saliendo de ruta con la bici.

Quedaban a menudo todos, cenaban o salían a tomar algo y poco a poco se hicieron novios. Su amigo vino el viernes y el domingo se fue para su casa, ellos se veían cuando podían, de vez en cuando. Él iba a verla a ella o viceversa. Iba a verla más veces que lo hacía ella, porque no tenía obligaciones y tantos problemas como Allison.

La llamada

Un día sonó el teléfono de Allison, estaba en la sala de estar con la chimenea encendida, sentada en el sofá de dos plazas y sus padres en el de tres, por fin ya se podía sentar en un sofá después de cuatro meses. Era su amigo Ignacio, días antes se habían visto y le había presentado a un chico muy majo que llevaba un bar en su pueblo.

Fue a verle para que le devolviera el dinero que le había prestado para irse de fiesta. Allison era tan buena, a veces pecaba de tonta, le supo mal y se lo había dejado. Le dijo que se lo devolvía en una semana, pero pasó mucho más tiempo para poder cobrarlo. Finalmente lo pagó su padre, como tantas veces, lo pagaba todo.

Los padres de Ignacio tenían mucho dinero, eran personas que les había ido bien en la vida. Su padre llevaba, también en propiedad, muchas tierras. Ganaban dinero después de estar él y su mujer jubilados. Tenían una casa grandísima, con cochera, donde tenían una colección de motos antiguas. También, en la misma calle, tenían un piso donde vivía Ignacio con su mujer y su hija, muy amiga de Allison.

Ellos siempre discutían porque a él le gustaba mucho salir, beber y encima le era infiel, cosa de la que se enteró después y por supuesto aquello terminó en ruptura.

Cuando Ignacio la llamó le dijo:

—Hola, Allison.
—Hola, ¿cómo estás?
—Yo bien, y tú, ¿qué tal vas?
—Dentro de lo que cabe bien, ahí vamos aguantando el tirón, qué remedio.
—¿Estás sentada?
—Sí, ¿por qué?
—Cógete bien porque lo que voy a decir es fuerte. A tu ex marido le gustan los hombres.
—¿Cómo?
—Sí, es verdad, estoy al lado de la persona que está con él ahora mismo.
—¿Qué dices?
—Que sí, que sí, ahora te lo paso si quieres y te lo dice el mismo.
—Hola, Allison —dijo Benito.
—Hola, —contestó ella.
—Es así, estoy con él. Hemos estado en tu casa, en tu habitación y en tu cama.
—Sí, hombre, me parece muy fuerte.
—No te voy a mentir, pero las cosas están así.
—Muy bien, la verdad es que no sé muy bien qué decirte.
—Ya hablamos.
—Como amigo tuyo estaba en el deber de avisarte.
—No te preocupes, gracias, ya hablamos.
—De acuerdo, adiós.
Inmediatamente se le revolvieron las tripas,

pensando que estando aún con ella había podido mantener relaciones con chicos. Se levantó como pudo y lo más rápido posible fue hacia el baño. Se quedó sentada un buen rato hasta que se le pasó, sus padres se quedaron con la boca abierta, habían escuchado la conversación. Al salir volvió a la salita de estar, hacía un frío de mil demonios, anduvo lo más rápido que pudo. Se sentó de nuevo en el sofá y les contó lo sucedido. Les pareció muy mal, a la vez que increíble, no se lo hubieran imaginado nunca en la vida, imagínense Allison.

Ella lloró y lloró, no lo podía creer, se sentía engañada. Casi once años de su vida, como si hubiera vivido en una mentira. No podía entender cómo él no le había dicho nada, con la confianza que se tenían.
Salían, quedaban con amigos y confiaban plenamente el uno en el otro. Tenían una relación excepcional en ese aspecto, lo único en lo que chocaban era con la limpieza de la casa. Ella se quejaba por no tener ayuda, como llevaba mucha carga, no podía con todo y discutían.

Allison bebía agua como un pajarito, daba sorbitos muy pequeños y apenas se mojaba los labios, entonces él, venía de trabajar, abría la nevera y se bebía media botella de un sorbo, cuando se la terminaba la dejaba fuera, encima del banco de la cocina para que cuando la viese la llenara, hasta que un día se hartó y la dejó igual en el mismo sitio. Cuando Kevin llegó abrió la nevera, porque tenía sed, y vio que no había, le dijo:

—¿No hay agua fresca?

—No.

—¿Por qué?

—Porque te la has terminado y no la has llenado.

—Muy bien, ¿y ahora qué?

—La llenas y bebes agua del tiempo, así la próxima vez aprendes a llenarla cuando la vacías.

Aquello le sentó mal, se le notó en la cara, pero a él los enfados se le pasaban pronto. A Allison no se le pasaban así como así, le duraban días. Se ponía de morros en su rincón del sofá y él, a la otra punta. Ni se miraban, ella no daba su brazo a torcer, pero él ya la conocía. A los cinco minutos iba y le hacía la pelota, cosa que le molestaba, pero al final cedía y se perdonaban sin hablar. Era la única persona que la hacía cambiar de estado de ánimo tan rápido.

Por eso le parecia increíble, con todo lo vivido y compartido que nunca le hubiera dicho nada. Es verdad que al final de la relación sospechaba, aunque no quería creerlo. Echó la vista atrás y empezó a atar cabos.

Estuvo durante dos meses con diarreas, lloros y ansiedad, nunca antes había tenido ansiedad. Había escuchado muchas veces a gente que le había pasado, pero hasta entonces no lo experimentó en sus propias carnes. Empezó a notar unos pinchazos en el corazón, se ponía nerviosa por momentos y cuando respiraba hondo, le costaba. Fue al médico y le dieron Lorazepan, para tratar la ansiedad, se le pasó en un mes de tratamiento, menos mal.

Se sentía sola le sabía mal cómo habían pasado las cosas. Se sentía un poco en los peores momentos de su vida y eso que había pasado por cosas difíciles.

El mejor verano de sus vidas

Fueron de boda un mes antes de terminar su matrimonio. Un amigo del trabajo de Allison se casó el tres de septiembre del 2014, con su novia de toda la vida. Llevaban más de doce años de noviazgo y tenían un hijo de cuatro años.

La novia era rubia y muy guapa, delgada y de estatura media. El novio, moreno, más alto que ella. Casi siempre llevaba perilla y poco a poco había ido perdiendo pelo, tenía un año menos que Allison.

En la boda se encontró con Zeus, que ahora estaba en otra empresa, ya que era familia de los novios. Con él fue con el que tuvo problemas hacía poco. La broma le había salido cara, aunque sirvió para desenmascarar a su mujer y a Allison también le sirvió, porque gracias a eso salió a la luz lo de su marido. Siempre dicen que no hay mal que por bien no venga.

Allison y Coral vivieron juntas toda aquella etapa, se apoyaban y ayudaban mutuamente. Tenían otra amiga en común, Judith, que también se había separado antes que Allison, todas el mismo año, qué casualidad. Se hicieron amigas después de todo, la habían conocido a través de unos amigos de Coral. Ese verano fue el mejor de sus vidas, salían a diario, iban a chiringuitos en la playa de su mismo pueblo, donde se juntaban con todos los de su misma quinta. Después iban a un pub, todos los fines de semana. Allí conocían a los dueños, encargados, camareros y DJ. Se saludaban cada vez que ellas entraban, parecían las reinas del local, así las llamaba el DJ.

Allison se hizo muy amiga del DJ, hasta que un día en medio de la pista trató de darle un beso en la boca y ella le hizo la cobra. No contento con la respuesta lo volvió a intentar más tarde, con el mismo resultado. Le había dicho que le gustaba mucho, pero ella lo veía como un amigo, nada más. Aunque quedaban a menudo para ir a la playa y tomar algo, una cosa no quitaba la otra.

Los miércoles quedaban todos en verse en el chiringuito de la playa. Después de cenar y tomar algo se iban a un chillout cercano a bailar salsa. Se lo pasaban genial, daban clases de baile y siempre se hacían las tantas de la madrugada. Los domingos iba a bailar a los chiringuitos de la playa del pueblo de al lado, solía ser por la tarde noche, y justo ese verano vinieron dos conocidos franceses de Coral a pasar las vacaciones y se los presentó. Allison los veía con frecuencia y se tomaban unos chupitos.

Un día Coral le dijo que Didier le gustaba y ella empezó a verlo con otros ojos, se iba fijando más cada vez que se veían.
Didier tenía veintiocho años y Allison treinta y cinco, no había forma de conocer a nadie más mayor o de su misma edad. Por su apariencia de niña, parecía ser más joven, le quitaban cinco años.

Allison tenía una tablet Samsung, que le habían regalado sus padres por Navidad, y aprovechaba para hablar con el francés. Ella no sabía francés ni él español, así, con la tablet, traducían las coversaciones.

Una noche quedaron en verse en el pub del pueblo para hablar, tomar algo y a las tres se fueron a una discoteca cercana. Había bastante gente. Didier pagó los diez euros de las entradas.

Él era alto, bastante corpulento y moreno con ojos castaños, pero llamaba la atención por lo ancho de espaldas, fruto de machacarse en el gimnasio. Tenía tres hijos uno de tres, otro de siete, y el otro de diez años, cada uno de una mujer, cosa que le extrañó bastante y pensó, tan joven y ya con tres hijos.

Nada más pagar, subieron hacia un patio donde se podía sentar la gente, bajaron y cerca de los baños, estaban las cristaleras de la entrada. Fueron a una de las barras, muy larga, y se pusieron a bailar en un rincón. La pista estaba bajando unos cuatro escalones y arriba de todo había unos sofás para poder sentarse a conversar y beber.

Bailando vio que había un chico con una chaqueta roja, muy guapo, que le estaba echando miraditas. Por otra parte, otro chico no paraba de acercarse, reírse y bailar delante de Allison. Didier desapareció para que pudiera ligar tranquila, ella lo buscaba con la mirada y al final lo vio arriba de un pódium donde estaba la gente bailando. Él se reía porque vio que el chico que la rondaba se le acercó bastante, lo hizo adrede y comprobó que se le acercaron al desaparecer él, efectivamente no se equivocó. El chico le preguntó:

—¿Cómo te llamas?
—Allison.
—Yo me llamo Félix y me gustas mucho.
—¿Cuántos años tienes?
—Soy muy mayor para ti.
—Que cuántos tienes.
—Treinta y cinco.
—A mí no me importa que seas mayor.

Ella lo esquivó como pudo, le dijo que había venido con alguien y lo estaba buscando y se marchó a ver si lo encontraba. Didier seguía en el mismo sitio, tuvo que bajar los cuatro escalones hacia la pista y pasar por en medio de ocho o diez chicos que la cogieron de la mano y se dijeron entre ellos: ¡chicos ya la tenemos aquí! El primero que la cogió de la mano hizo las presentaciones.

—¿De dónde sois?
—Somos de Madrid.
—Madrileños, mal rollo.
—¿Por qué? —dijeron ellos.
—Porque todos buscan lo mismo, y yo para un rato no me apetece conocer a nadie.

Y los esquivó también. Subió unos cuantos escalones más hasta llegar donde estaba su amigo.

—No te vuelvas a ir.

Él se reía, bajaron de ahí y se pusieron al principio donde había un espacio grande para poder bailar. Didier no bailaba mucho y cada dos por tres se apoyaba en la pared. Había muchas miradas de complicidad mientras bailaban juntos, pero no cogidos. Empezaron a darse algún abrazo de cariño y finalmente se miraron a los ojos y se besaron. Qué bien besaba, tenía unos labios supercarnosos como a ella le gustaba y ya no se despegaron en toda la noche.

Sobre las seis de la mañana se cansaron de estar allí y se fueron. Saliendo de la discoteca, pasaron entre unos chicos que estaban sentados a los laterales de las escaleras por donde tenían que pasar. Él pasó primero y, cuando ya había pasado, escuchó que los chicos dijeron:

—¡Madre mía! Qué armario empotrado, este le pega un puñetazo a uno y lo deja tieso en el momento, más vale que no se metan con él.
Ella se rio, le hizo gracia el comentario, pero no le dijo nada porque no sabía cómo explicárselo. Continuaron hacia el parking, en busca del coche. Allison conducía y él, a su lado, de copiloto. Se quedaron un rato hablando y besándose allí mismo. Sobre las siete de la mañana decidieron irse a Pedreguer. Al llegar, Allison le enseñó el piso y Didier le dijo:

—Tú tienes dinerito.

—¡No! Jajaja.

Se pusieron cómodos en el sofá de la salita de estar, viendo la tele y hablando con la tablet, porque, si no, no se enteraban de nada. Allison le puso las piernas encima para que hubiera más acercamiento y de paso estar más cómoda.

En breve se fueron a su habitación, que se encontraba al final del pasillo, no era muy grande, pero tenía cama de matrimonio. Ahí entre besos y abrazos se fueron desnudando poco a poco hasta que al final se entregaron el uno al otro. Didier le dijo que llevaba meses sin estar con nadie, al igual que ella.

Allison se quedó apoyada sobre su pecho, que era grandísimo, le dolía el cuello de tan alta que estaba. Estuvieron muy a gusto, pero se hizo la hora de regresar. Didier tenía que hacer las maletas ya que en breve volvía a su casa, habían terminado las vacaciones y con ellas el amor de verano.

Allison tenía ilusión de volverlo a ver el próximo verano y esperarlo si era necesario. Se escribieron varias cartas donde le dijo que no esperara, no le parecía justo, no sabía cuándo iba a volver y ella así lo tuvo que hacer muy a su pesar. Al final dejaron de escribirse y ella se enteraba por su amiga Coral, así quedó la cosa.

El comentario en Facebook

Allison dormía y se duchaba en casa de Coral, estaba con los niños en el apartamento que tenía en la playa su hermano. De día estaban en la casa que habían comprado los padres de Allison, la cual estaba para reformar. Vivían rodeados de escombros porque vinieron los obreros y tuvieron que tirar la cocina abajo, las vigas de madera estaban a punto de caerse.

Ella se pasaba el día en una de las habitaciones de arriba, que más o menos estaba mejor, pero hacía mucho frio. Tenían estufa y les costaba estar sentadas frente a una tele pequeña de tambor, con mantas, guantes y la chaqueta puesta. Fueron unos momentos muy duros, pero menos mal que Coral les echó una mano y por lo menos se duchaban y dormían en su casa. Ellas hablaban por las noches de las casualidades de la vida que les había tocado vivir, separarse de los padres de los niños por las mismas fechas. Aparte, Allison le dijo:

—Todo está mal.
—¿Por qué?
—Se ha roto todo; el coche, la casa, el matrimonio y mi espalda.
—Tienes razón, pero saldremos de esta.

Menuda rachita de mala suerte les había tocado vivir.
Kevin, para que pudieran comer caliente, les

compró una placa pequeñita y gracias a eso podían comer las dos. Su padre tuvo que ir a vivir con ellas para ayudarla con la niña porque ella tenía que trabajar.

Allison solicitó un préstamo en el banco para poder hacer la reforma y quedarse a vivir allí, no tenía nada más, su ex marido estaba en la vivienda conyugal que era de los dos.
Mientras ellas se quedaban con Coral, el obrero iba haciendo el baño, la cocina y una habitación abajo al fondo donde antes era un corral y donde estaba la lavadora y un lavadero para la ropa, lo que antes era la cocina ahora era el baño.

Allison llevaba a Claudia al colegio, la recogía y a las tres se iba a trabajar. Su padre recogía a la niña a las cinco y se iban a casa hasta que llegara Allison, para irse a casa de Coral, a ducharse y dormir. Así estuvieron hasta que estuvo terminada la casa. Estuvieron unos meses pasándoles cosas parecidas que hasta incluso llegaron a pensar que eran hermanas gemelas.

Un día Kevin se puso en contacto con ella para quedarse con Claudia y cuando ella fue a llevársela, habían quedado a las nueve, después de trabajar, no se encontraban en la casa y la niña dijo:

—Espera, mami.
—¿Qué quieres?
—Voy a ver si están en el bar de la tía Linda y el tío Ernesto.

La cafetería que ellos solían frecuentar estaba al lado de casa, pero no estaban; entonces la niña dijo a su madre:

—Mamá, ¿por qué no me dejas aquí con los tíos?

Allison le preguntó a su ex cuñado si se encargaban ellos de entregarle a la niña a su padre, se había quedado sin batería y no podía llamarle, él le dijo que sí. Ella se fue tranquila, pero al día siguiente vio un comentario del novio de su ex marido en las redes sociales dirigiéndose a ella directamente, que la dejó bastante preocupada.

—Allison, no sé qué te pasa últimamente, no estás nada centrada, y dejas a tu hija abandonada en un bar a las nueve de la noche y te vas, eres una mala madre.

Enseguida empezaron a salir los comentarios en contra de lo que él había comentado. Todos los amigos de Allison la empezaron a defender y a dejarle comentarios de mal gusto, se lo había merecido con creces. Allison estaba fuera de sus casillas, Coral estaba con ella. Nunca había sentido tanta impotencia sin haber hecho nada.
Hablándolo con Coral, se le marcaban las venas en el cuello, cosa que no le había ocurrido antes.
—Qué fuerte, ¿tú te crees lo que ha dicho?
—La verdad, está muy mal hecho.
—Va y lo pone en Facebook donde se entera todo el mundo, sólo para dejarme mal a mí.

–Es verdad…

–En vez de llamarme y decírmelo en privado, si le ha sentado mal, va y lo hace de esta forma. No sabes la rabia que tengo ahora mismo, si lo tuviera delante, no sé lo que le haría, te lo juro.

–Me lo imagino.

Siguieron los comentarios, hasta que un día llamó su ex marido:

–Allison, haz el favor de parar todo esto ya.

–¿Yo?, pero si yo no he sido la que ha empezado, fue tu pareja, que se pensaba que no iba a tener su repercusión, pero sí la tiene.

–Es que estamos hartos ya de tantos comentarios y ofensas.

–¿Para qué lo hacía? Al que le tienes que pedir cuentas es a él, no a mí. Él lo publicó y si no quiere que sigan los comentarios que lo quite.

–Bien, ya hablaremos.

Poco después quitó el comentario. Le salió el tiro por la culata, no esperaba que la gente la defendiera. Se pensaba que la haría quedar mal, pero no fue así. Con los días, cuando la veían las amigas, le comentaban la historia.

Pasado un tiempo decidieron quedar Kevin y ella. Se vieron en un parque cerca de donde vivía Allison en Piles. Se encontraron y ni se sentaron, de pie comenzaron a conversar:

–Hola, ¿qué tal?

–Hola, bien.

–¿Tú te crees lo que ha hecho tu novio?

–Ya.

—No es normal que haya actuado de esa manera sin yo hacerle nada. Eso no está bien.

—Ya lo sé, pero qué querías que hiciera, es mi pareja.

—Lo que no está bien no está bien, no se puede defender lo indefendible.

—Mira, ahora ya está.

—Bueno, quería preguntarte algo.

—Dime.

—¿Desde cuándo sientes que eres bisexual?

—Desde la pubertad.

—Tanta confianza que teníamos ¿y no me cuentas algo así?

—Debería haberlo hecho, pero como estaba contigo te quería a ti en ese momento.

—Ya, pero tú decidiste por mí, yo podría haber elegido si seguir o no con la relación. Me casé contigo y tuve a Claudia cuando yo a lo mejor no hubiera aceptado las cosas de esta manera, nunca se sabe. Me siento engañada, casi once años de mi vida. Ahora quiero pedirte el divorcio.

—Yo también venía a pedirte lo mismo.

—Mira, ya está, vamos a empezar con los trámites y ya hablamos.

—De acuerdo, nos vemos.

Cada uno se fue a su casa y Allison al llegar estuvo hablándolo con Coral, le parecía increíble. En ese momento le preguntó:

—¿Tú conoces a algún abogado que sea bueno?

—Sí, la abogada que me lleva la separación y las demás cosas con mi ex. Si quieres te la presento y te acompaño cuando quieras.

—Si me haces el favor de hablar con ella para que me cite y acabar con esto lo más rápido posible.

—Vale, mañana la llamo y te digo.

Al día siguiente Coral habló con su abogada y ella le dijo que el martes de la semana siguiente podía quedar a las once. Inmediatamente Coral llamó a Allison:

—Allison.

—Dime.

—He hablado con mi abogada, puede el martes a las once.

—Por mí, bien.

—Mañana le confirmo, así te acompaño y os presento.

—Muy bien, gracias.

—No hay de qué.

Como cada día, se levantó a las ocho y acompañó a Claudia al colegio. Después se iba a caminar una hora, más o menos. Cuando terminaba quedaba con Coral en la plaza del pueblo, en el mismo bar de siempre, en la terraza.

Coral empezó a fijarse en un chico del pueblo que le gustaba, muchas noches iban al chiringuito que frecuentaba la gente joven y lo veían ahí. Por su parte, Allison, se empezó a fijar en otro chico, había miradas, se saludaban y a veces se sentaban con ellos ya que se conocían todos. Quedaban todas las noches para cenar, o después de cenar iban un rato a un chillout, donde tomaban chupitos y bailaban salsa los miércoles. Iban unos profesores de baile para animar a la gente un par de horas y luego ponían música comercial hasta el cierre sobre las cuatro de la mañana. Ellos, con ganas de más, se quedaban hablando hasta las tantas. Salieron día tras día, todo el verano.

Un día hubo una fiesta en un pub con piscina, era la fiesta del agua, había música y comieron allí. Les pusieron algo para picar, paella y también postre. Ellos continuaron bebiendo, haciéndose fotos, bailando, pasaron un día genial.
Había unos chicos que conocieron anteriormente allí, en el mismo pub. Bailaron, se bañaron juntos y se acercaron bastante. Más tarde se fueron a cenar a un bar del mismo pueblo una pizza compartida y sangría para beber. Después de cenar volvieron a donde habían estado. Continuaron bailando, bebiendo y la pasaron muy bien.

Otro día hicieron una fiesta de radio city y se encontraron de nuevo todos los amigos. La verdad es que fue un verano bastante divertido.

Allison pensaba que después de separarse, las cosas hubieran sido más fáciles para conocer a alguien, pero el mercado estaba muy mal. Ahí es cuando se dio cuenta de que la gente no valía la pena y que los hombres iban a lo que iban. Se sentía como un trozo de carne en una carnicería, que expuesta la elegían por el físico y no veían más allá. Los tiempos habían cambiado, ya no existía el romanticismo. Con lo bonito que era que un hombre te cortejara poco a poco y te fueras enamorando. En la actualidad, eso ya no era probable, porque en la primera cita te querían llevar a la cama.

Ella continuó saliendo y disfrutando de la vida porque nadie muere por amor y no le costaba mucho pasar página, era una persona muy fuerte y había pasado por mucho. Cuando le quedaban las cosas claras por parte de ellos, pasaba del tema y a otra cosa mariposa.

Disfrutaba de las amigas, de su familia, hasta que el dieciséis de noviembre de 2015 su abogada la llamó:
  —Hola, Allison, ¿qué tal?
  —Bien, ¿y tú?
  —Bien, gracias. Te llamo porque ya tengo los papeles del divorcio aquí en el despacho.
  —¿Ya está?
  —Sí, pasa cuando quieras.
  —¿Mañana por la mañana estarás allí?
  —Sí, sobre las once.
  —Hasta mañana, entonces.
Al día siguiente fue al despacho de su abogada, había terminado el proceso. Se quedó con la custodia de Claudia ya que Kevin y su madre trabajaban y no podían compaginarlo. En un principio empezaron con la compartida, pero poco después tuvieron que cambiar, y desde entonces se hizo cargo sola. Gracias a la ayuda de sus padres, que fueron pilares muy importantes en su vida, la ayudaban mucho. Su madre se encargaba de Claudia, cuando no podía, y también de la casa,

comida, etc.

La pareja de Kevin, muy contento, le dio la enhorabuena por el divorcio. No le hizo ninguna gracia, lo tuvo que disimular, no era una noticia agradable. Decidió no hacerle mucho caso, aunque él ya tenía a otro y no le costó olvidarla.

Allison continuó con su vida, aunque sabía que había terminado esa vida de "mentira".

FIN

Índice

AGRADECIMIENTOS

Gracias a mi amigo Jorge por ponerme en contacto con Alex Madueño quién ha trabajado en la corrección de mi novela junto a Rita Turza. Quién me ha ayudado y puesto en contacto con el resto de su equipo. Gracias a Sofía Sánchez por la maquetación. Gracias a Marta Bassart por esa portada. Gracias a Periklis Kordoloimis por la corrección ortográfica. Agradecer a todos el esfuerzo por sacar el proyecto lo antes posible a pesar de su poco tiempo y cómo no, a mi pareja Mariano Monzó, el cual fue el que pasó del borrador al ordenador todo el libro.

BIOGRAFÍA

Marien Mafé Noguera nacida en Gandía el 25 de marzo del 1979. Actualmente vive en su pueblo de toda la vida Pedreguer (Alicante). Despúes de vivir unos años fuera regresa para poder cumplir su sueño.Tras pasar 4 años aparcada en un cajón, sale a la luz su primera novela el día 9 de febrero del año 2022. "Una vida de mentira"
Ya trabaja en su segunda novela "Amar no es dañar".